Кевин О'Доннел

# РЕЛИГИИ МИРА

## Иллюстрированная энциклопедия

Харьков Белгород
2007

ББК 86.3
О-44

Перевод с английского:
«Inside World Religions» by Kevin O'Donnell, 2006,
Lion Hudson, Oxford, England

Переводчик *Никита Скоробогатов*

Дизайнер обложки *Марина Евдокимова*

Науково-популярне видання

О'ДОННЕЛ Кевін
**Релігії світу.
Ілюстрована енциклопедія**
*(російською мовою)*

Головний редактор *С. С. Скляр*
Відповідальний за випуск *Н. С. Дорохіна*
Редактор *О. Е. Лісовикова*
Художній редактор *М. В. Євдокимова*
Технічний редактор *А. Г. Верьовкін*
Коректор *О. Г. Літинська*

Підписано до друку 08.08.2007.
Формат 84х108/16. Друк офсетний.
Гарнітура «Garamond». Ум. друк. арк. 20,16.
Наклад 15 000 пр. Зам. № 7-406.

Книжковий Клуб «Клуб Сімейного Дозвілля»
Св. № 04059243Ю0017536 від 13.03.2000
61140, Харків-140, просп. Гагаріна, 20а
E-mail: cop@flc-bookclub.com

Віддруковано з готових діапозитивів
у ВАТ «Білоцерківська книжкова фабрика»
09117, м. Біла Церква, вул. Леся Курбаса, 4

Научно-популярное издание

О'ДОННЕЛ Кевин
**Религии мира.
Иллюстрированная энциклопедия**

Главный редактор *С. С. Скляр*
Ответственный за выпуск *Н. С. Дорохина*
Редактор *Е. Э. Лесовикова*
Художественный редактор *М. В. Евдокимова*
Технический редактор *А. Г. Веревкин*
Корректор *Е. Г. Литинская*

Подписано в печать 08.08.2007.
Формат 84х108/16. Печать офсетная.
Гарнитура «Garamond». Усл. печ. л. 20,16.
Тираж 15 000 экз. Зак. № 7-406.

ООО «Книжный клуб
"Клуб семейного досуга"»
308025, г. Белгород, ул. Сумская, 168

Отпечатано с готовых диапозитивов
в ОАО «Белоцерковская книжная фабрика»
09117, г. Белая Церковь, ул. Леся Курбаса, 4

ISBN 978-966-343-723-1 (Украина)
ISBN 978-5-9910-0129-8 (Россия)
ISBN 978-0-7459-5197-3 (англ.)

# Содержание

# Введение

*Все любопытственнее и любопытственнее! — вскричала Алиса (она была столь удивлена, что на мгновение разучилась говорить на хорошем английском). — Теперь я раздвигаюсь, как самый большой в мире телескоп!*

Льюис Кэрролл. Алиса в Стране Чудес

Книга о религиях мира может заинтересовать самых разных читателей — от непредубежденного исследователя до истого приверженца определенной веры, которому хочется понять другие исповедания, чтобы выявить в них изъяны. С какой бы стороны мы ни подходили к этой теме, нас ожидают откровения, новые знания, позволяющие ближе познакомиться с великими традициями различных верований мира, независимо от наших собственных убеждений.

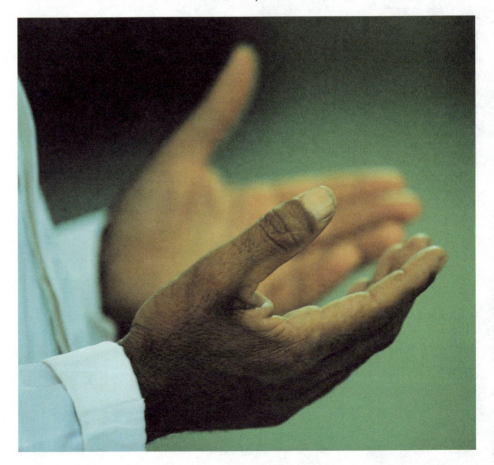

Я писал эту книгу как верный христианин, однако приложил все усилия, чтобы выразить свои мысли как можно более взвешенно и нейтрально, представляя на суд читателя все факты и позволяя каждой религии говорить самой за себя. Вне всякого сомнения, иногда мне не удавалось справиться с этой задачей — да и в человеческих ли это силах? Ведь как мы ни старайся, нам никогда не освободиться от предубеждений и подсознательного поиска подтекста — будь мы верующими, атеистами или агностиками. Я постарался быть, по возможности, справедливым, честным и педантичным. Данная книга задумана как популярное издание — нечто среднее между карманным справочником и серьезным академическим трудом.

Как христианин, я могу искренне признаться, что нашел для себя много интересного и ценного в других верованиях. Мне, конечно, чужда идея смешения всех вероисповеданий в эдакий религиозный винегрет релятивизма, но я считаю, что мы можем научиться друг у друга множеству полезных вещей, хотя иной раз не в состоянии достичь согласия.

Изучение других религий способствует диалогу и сотрудничеству, ни в коей мере не ставя под угрозу выстраданные убеждения самого исследователя. Кроме того, это путь к укреплению и подтверждению собственных верований: когда выясняется, что их постулаты присущи многим религиям, или наоборот, когда они оказываются уникальными, отсутствующими во всех прочих учениях. Тогда они становятся поистине драгоценными. Изучение различных религий выявляет общность духовного поиска, который прослеживается через всю человеческую историю, что находит отклик в словах епископа Августина Гиппонского: «Нашим сердцам нет покоя, о Господи, поколе не обретем мы покой в Тебе».

## ЧТО ТАКОЕ РЕЛИГИЯ?

Как определить понятие «религия»? К этому вопросу можно подходить с разных сторон и двигаться от разных отправных точек. Религия — это общественное явление с собственным историческим развитием в конкретных социально-экономических условиях. А еще религия — ориентир и сокровище для тех, кто ее исповедует. Последователи всякой религии утверждают, что она дарит им бесчисленные знания и ощущения, которые приносят настоящую радость.

Попытки изучать различные религии впервые были систематизированы и рационально упорядочены в XIX в. Философы эпохи Просвещения с презрением относились к сверхъестественному, а до них религии мира стремились понять друг друга с целью либо осудить «неверных», либо слиться воедино и создать новое учение (например, сикхизм возник путем объединения ислама с индуизмом).

Стараниями немецкого ученого Фридриха Макса Мюллера в конце XIX в. в университетах начали преподавать религиоведение. Голландский ученый Пьер Даниэль Шанпи де Соссей разработал систематический подход к религиям, описывая артефакты, ритуалы и верования примерно так, как в учебнике по ботанике описываются растения. В конце XX в. Ниниан Смарт и Мирча Элиаде, используя такой подход, описывали символы и ритуалы, высокие и более примитивные религиозные верования, пророческое и мистическое. Но к сожалению, такая методика не всегда учитывает, что религия является живым организмом. Вера держится на верующих, у которых есть свои чаяния, страхи и радости. Да и в ботанике, к слову, систематичный подход имеет свои недостатки.

Препарирование и разложение на составные части — трудоемкий, точный и содержательный процесс, который помогает многое узнать о растении. Однако кое-чего недостает: живой, растущей природы цветка, несорванного и целого, на своем месте и в своей среде. То же можно сказать и о религии. Ниниан Смарт осознал этот недостаток и в конце концов изменил свой подход, включив в него важнейшее эмпирическое измерение.

## КАК ИЗБЕЖАТЬ ПРЕДВЗЯТОСТИ

Философия Эдмунда Гуссерля (1859—1938) пришла на выручку исследователям религии. Он высказал мысль, что мы с уверенностью можем говорить только о своем сознательном опыте взаимодействия с окружающим миром. Согласно его феноменологическому подходу, при изучении религий как исторических и общественных явлений мы должны осознавать свои чувства и предубеждения, и понимать, какое влияние они на нас оказывают. Следует беспощадно бороться с предубеждениями. Но в то же время — с ироничностью и смирением, достойными дзен-буддизма, — надо признавать, что они всегда с нами. Стóит «вынести за скобки» свои убеждения и ценности при изучении чужих. Необходимо сделать попытку проникнуться чувствами других, напрячь все свое воображение, чтобы увидеть суть, смысл, дух каждого учения. Нужно также прислушиваться к мнениям самих верующих, а если их оценка собственной религии отличается от нашей, нам следует задаться вопросом, кто из нас имеет большее право претендовать на истину.

В результате сторонники систематизации и перечисления явлений продвинулись на шаг вперед, признав, сколь трудно сохранить нейтральность и разделить ви́дение посвященного.

Ученый Гэвин Флад в своей недавней книге «За пределами феноменологии» утверждал, что нам необходимо серьезнее относиться к содержанию каждой веры, учитывая социальные и исторические факторы, а также эмпирический мир верующего. Он призывает к созданию мощной «метатеории» — дисциплины, которая ставит под сомнение основные предпосылки наших исследований. Таким образом, ученые сходятся в одном: исследование религии сродни непростому искусству жонглирования. Приходится удерживать в воздухе «шарики» собственной веры, не роняя при этом «шариков» веры чужой.

## ЭВОЛЮЦИОННЫЕ ДИЛЕММЫ

На конец XIX в. пришлось повсеместное распространение теорий Дарвина. Антропологи пользовались его системой координат, полагая, что должен происходить неизменный прогресс от примитивного и суеверного к рациональному и цивилизованному (под последним имея в виду западную цивилизацию). Сэр Джеймс Фрейзер следовал этой модели, описывая древние религии в книге «Золотая ветвь» (1890—1915, в 1922 г. вышло сокращенное издание). Он различал три четких эпохи — Магии, Религии и Науки. Древние религии он относил к первой, мировые — ко второй, а эпоху Просвещения — к третьей. Впрочем, в редкие моменты искреннего смирения он признавал, что третья эпоха не обязательно должна быть окончательным словом. Когда-нибудь в будущем ее может вытеснить какая-то другая эпоха, которую мы не в состоянии предвидеть сегодня. Возможно, именно это мы и наблюдаем в современном обществе — попытки объединить технологию, этику и духовность, растущее количество эзотерических течений и возникновение многочисленных ново-религиозных движений.

Радость человеческого бытия — в поэзии и чувствах, в поклонении и этике.

Последующие исследователи религии критиковали работу Фрейзера за излишнюю «кабинетность». Они подчеркивали необходимость окунуться в жизнь, своими глазами увидеть, что означают ритуалы и верования для живых людей. Они говорят об «активном наблюдении» и необходимости позволить религиям говорить самим за себя. Голос толкователя, его предубеждения более не отрицаются.

Древние религии тоже не состояли из сплошных суеверий и симпатической магии. Да, эти элементы присутствовали — люди полагали, что огонь есть воспаряющий дух, а вода течет потому, что в ней живет бог. Анимизм и колдовские зелья, ритуалы и жертвоприношения составляли неотъемлемую часть жизни человечества на заре истории. Но нашим предкам были также присущи удивление, благоговение перед живым миром, развитые чувства общности и долга. Все это можно найти в сегодняшних исследованиях племен амазонских джунглей: этим народам свойственны такие чувства, как уважение к природе, поддержание равновесия и наслаждение простой, но полной жизнью, движущей силой которой является необходимость выживания. Однако о древних религиях мы многого не знаем из-за отсутствия письменности в те времена, когда они существовали.

*Сэр Джеймс Фрейзер, автор «Золотой ветви»*

Нынешнее поколение, похоже, более восприимчиво к духовному, мистическому и не поддающемуся исчислению.

Постмодернизм допускает куда большую широту действия интуитивного и символического, отрицая рациональный подход ко всему сущему. Истину можно узреть в разных формах — и в искусствах, и в поэтике, и в научном методе. Между прочим, в начале XX в. философ Людвиг Витгенштейн осуждал рационализм Фрейзера, своими объяснениями упрощавшего религию. Он сравнивал силу религии с силой музыки. Ни то ни другое не поддается объяснению; их воздействие можно лишь почувствовать, испытав душевное волнение. Его рассуждения о языковых играх дали толчок возникновению многих постмодернистских течений и взаимосвязанных идей, в которых рациональность не является истиной в последней инстанции.

## В НАЧАЛЕ — ОДИН БОГ?

Вопрос о том, является ли монотеизм — вера в единого Бога — первоначальной формой религии, остается спорным. Так издавна полагали иудеи, христиане и мусульмане по всему миру, ибо это следует из истории сотворения мира и первых мужчины и женщины, из историй об Адаме и Еве.

На том же основании святой Павел утверждал, что политеизм — вера во многих богов — является вырождением, следствием помрачения сердец тех, кто отвернулся от живого Бога (см. Послание к римлянам 1:21—23)[1].

Исследователи XIX и XX вв. отрицали такую точку зрения как несоответствующую представлениям об эволюции. Они полагали, что монотеизм — более возвышенная, сложная теология, которая постепенно развивалась в разных частях света. К примеру, на страницах иудейского Писания они прослеживали долгий путь от патриархов, которые поклонялись клановым божествам, вроде ханаанского бога Элоаха, к единобожию Моисея (возможно, он допускал существование других богов, но иудеям было велено поклоняться одному лишь Иегове). Не исключено, что истинный монотеизм пришел лишь с великими пророками VI в. до н. э., например с Исайей. Они недвусмысленно заявляли, что есть только один Бог и нет никаких иных. Другие племена и народы со временем отказались от пантеонов своих богов, предпочтя им одно главное божество или Верховного Бога — как, например, для поздних, более склонных к философии греков Зевс стал просто «Богом».

Такая версия имеет право на существование, хотя другие исследователи полагают, что сам факт наличия Верховных богов в древних религиях говорит об изначальном осознании людьми особого момента поклонения одной лишь этой Сущности, которой прочие духовные сущности только служат. Вильгельм Шмидт высказал подобную гипотезу в 1912 г. в книге «Происхождение идеи Бога». Он отмечал отдаленность Верховного Бога (нередко — Небесного Бога) в древних религиях и отсутствие его земного культа. Меньшие божества, привязанные к земле, вроде духов огня и воды, были доступнее; у них были культы, подношения и жрецы. А далекий Верховный Бог был отголоском старого монотеизма, царившего до «помрачения сердец». В начале XX в. Шмидт фактически плыл против течения, но в свете современных сомнений в эволюционных взглядах и подходах его идеи звучат довольно свежо. Недавние исследования, позволяющие предположить наличие монотеизма в древнем Китае, только подливают масла в огонь.

Изначально Верховный Бог мог восприниматься как Источник всей жизни, включая всех остальных божеств, духов или ангелов. Если такое ви́дение и было присуще древним, то всякие доказательства этому либо утеряны, либо еще не открыты; возможно, дальнейшие исследования подкрепят данную гипотезу. Можно лишь указать на разнообразные упоминания Верховных богов и редкие молитвы и гимны, в которых они именуются Истинными или Настоящими; отчасти подобные сведения содержатся в ранних индуистских писаниях — Ригведе. В Ригведе можно увидеть некую форму первоначального монотеизма с присутствием Высшего Бога. Если вспомнить о происходящем сейчас пересмотре эволюционных схем и признать, что в древние времена находилось место мудрости и совершенству, а более позднее не обязательно должно рассматриваться как более прогрессивное, этот вопрос остается открытым.

Как бы то ни было, сегодня мы имеем то, что имеем. За большинством современных верований стоит трансцендентная реальность, Иное, Тайное.

---

[1] Здесь и далее цитируется по изданию «Библия. Книги Священного Писания Ветхого и Нового Завета. Канонические. Синодальное издание». *(Здесь и далее примеч. ред.)*

## ОБЩЕЕ ВИ́ДЕНИЕ

Сейчас делаются попытки рассматривать все религии комплексно, выискивая общие черты и ви́дение. В начале XX в. Олдос Хаксли обращался с этой целью к стародавней философии, к мудрости древних, что живет в сердцах всех людей всех вероисповеданий. Велико искушение согласиться с такой точкой зрения, но помимо общих поисков Бога, веры в незримую, трансцендентную реальность, надежды на бессмертие и азов этики, всякие попытки очертить эту стародавнюю философию быстро рассеиваются, будучи изначально лишь иллюзией. Постулаты и идеи мировых религий во многом несовместимы, хотя во многом и схожи.

В 1917 г. Рудольф Отто выдвинул куда более правдоподобную гипотезу о непостижимом в книге «Священное». Он говорил о божественном опыте как о «mysterium tremendum et fascinans» — загадке, которая одновременно заставляет нас трепетать и чарует, притягивает к себе. Таким испокон веков был божественный опыт — что у человека эпохи неолита, входившего в святая святых озаренной факелами пещеры, что у египетского жреца, делавшего подношения статуе грозного бога и его воплощению на земле — фараону, что у католического священника на богослужении. Божественное пронимает нас до глубины души, а Бог, как однажды сказал богослов Пауль Тиллих, это на самом деле «Высшая забота» и «Основа нашего бытия».

В повседневной жизни — это благоговение пред лицом заката или ощущение мистического присутствия, возникавшее у поэтов подобных Вордсворту, которые катались на лодках в Озерном крае Англии. В детской литературе — это видение Крысы и Крота:

*Затаив дыхание и оцепенев, Крот перестал грести, и ясное пение веселых труб обрушилось на него, подобно волне, подхватило его и всецело овладело им. Он увидел слезы на щеках товарища, и склонил голову, понимая его чувства.*

Кеннет Грэм. Ветер в ивах

Область религиозного опыта — богатое и плодородное поле для изучения. Первый серьезный труд на эту тему был издан в начале XX в. Им стала книга «Многообразие религиозного опыта» Уильяма Джеймса. Автора занимали вопросы психологии и сознания. Он собрал множество свидетельств и рассказов разных людей, а затем проанализировал эти данные. Джеймс обрисовал два основных религиозных типа: оптимиста, пережившего волнующий и трогательный опыт, и пессимиста, ощущающего бремя греха. Религиозное покаяние он рассматривал как психодинамику, способ снять душевное напряжение.

За изысканиями Джеймса последовал более тщательный сбор данных группами людей. Они свидетельствуют о том, что вера в религиозный опыт распространена крайне широко. В США, к примеру, по результатам опросов, около 15 % респондентов сообщили об опыте клинической смерти. Около трети утвердительно ответили на вопрос: «Доводилось ли вам ощущать, что вы находитесь рядом с мощным духовным источником, который будто бы возносил вас ввысь?» Далеко не все ответившие были приверженцами формальной религии. Подобные опросы проводились и в других странах, причем с теми же результатами. Например, в исследовании 1981 г. в Ноттингеме (Англия) чуть более 50 % респондентов дали утвердительный ответ.

Среди них были представители всех социальных слоев, хотя преобладали женщины. Опыт мог быть следствием кризиса, религиозного благоговения или изумления при виде величественности природы.

Помимо широкой распространенности таких опытов, все исследования, проведенные после Джеймса, свидетельствуют: люди обращаются к Богу не только в минуты кризиса, как часто утверждают скептики, но и столкнувшись с тайной, благоговением и красотой.

В наше время последователи мировых религий часто заявляют о мистическом опыте, услышанных молитвах, исцелениях и видениях. Некоторые христиане утверждают, что умеют «впадать в транс», восхваляя Бога на неведомом им языке. Исследования показывают, что эти люди спокойны и уравновешенны, и чем бы ни объяснялся данный феномен, он не имеет ничего общего с невротическим состоянием.

## ПОИСКИ ТОЧЕК СОПРИКОСНОВЕНИЯ

В религиях есть черты сходства: в них присутствует общий поиск и общие ценности. И здесь нечему удивляться. Как христианину мне близка мысль, что человек был сотворен «по образу и подобию Божьему» — мыслящим, чувствующим, духовным созданием, способным ощущать и искать божественное. Буддист может сослаться на понятие вечной *Дхармы* (Пути истины) и природу Будды в каждом живом существе. Каждый человек может обратиться к просветлению. Индуист или сикх скажет, что все мы носим в себе *атман*, божественную искру, спрятанную во всем живом. Все это разные мысли, разные термины, отчасти противоречащие друг другу подходы — но и точки соприкосновения. Есть в человеке нечто, позволяющее ему воспринимать вечное и этическое.

Существует множество таких сходных ценностей. Поразительно, что во многих религиях есть свой вариант Золотого Правила, установленного Иисусом. Сравним:

*Итак во всем, как хотите, чтобы с вами поступали люди, так поступайте и вы с ними.*

Иисус

*Ненавистное вам не сотворите с ближним своим.*

Ребе Гиллель

*Не делай другому того, чего себе не пожелаешь.*

Конфуций

*И да не поступит никто из вас с братом своим так, как не хотел бы, чтобы поступили с ним.*

Коран

*Не делай другому того, чего не пожелаешь себе; вот суть закона...*

Махабхарата

Я вспоминаю, как ветеран Движения за ядерное разоружение Брюс Кент однажды ответил на замечание, будто религии не приносят ничего, кроме войн. Он напомнил традиционное Золотое Правило, лежащее в основе всех учений, и удивился тому, что верующие умудряются игнорировать настолько важное указание и продолжают ненавидеть друг друга. Религию можно поставить на службу и добру, и злу — как столь многое в нашей жизни.

Религиозные группы участвуют в различных социальных программах по всему миру. Они предоставляют гуманитарную помощь и заботятся о больных, улучшают качество образования и занимаются строительством жилья. Такая работа может придать религии дополнительное духовное измерение, помимо справедливости и мира, о которых говорят чисто

учениями и доктринами, а также общепринятыми способами выражения. У всех есть конкретные притязания на истину, примирить которые между собой трудно, если вообще возможно. Если ислам учит, что Мухаммед — Последний пророк, христианство учит, что Иисус вознесся и стал Господом и Спасителем для всех, а некоторые индуисты верят, что Кришна — высшее Божество, то налицо явный и недвусмысленный конфликт. Если вы верите в какое-то из этих утверждений, то принадлежите к соответствующей религии. Это вовсе не означает, что вы не видите ничего хорошего в других учениях или что вы исполнены ненависти к приверженцам других религий, но ваши пути с ними расходятся. Вы находитесь в определенной власти — власти данной традиции и «откровения». То же справедливо и в отношении верований о загробной жизни. Можно верить либо в воскрешение, либо в реинкарнацию: эти понятия совершенно различны и практически несовместимы.

В индуизме есть притча о пяти слепых праведниках у берегов Ганга:

Однажды к ним забрел ручной слон. Один святой протянул руку и коснулся его тела; он подумал, что это глиняная стена.

Другой коснулся бивней и подумал, что это два копья.

Третий коснулся хобота и подумал, что это змея.

Четвертый коснулся хвоста и подумал, что это кусок веревки.

Последний святой посмеялся над ними и обхватил слона за ногу. Он сказал, что на самом деле это дерево.

Мимо проходил ребенок. Он увидел их и спросил: «Почему вы все держитесь за слона?»

Индуисты вспоминают эту притчу, чтобы показать: в каждой религии есть доля ис-

светские группы. Как выразился один духовный лидер:

«Человек может иметь работу, хорошо питаться, жить в удобном доме с любящей семьей, но при этом все равно оставаться несчастным. Мы же используем целостный подход».

## ОТКРОВЕНИЯ И ПРИТЯЗАНИЯ НА ИСТИНУ

Конечно, нетрудно увидеть связи и черты сходства в сфере человеческих чувств и духовных ценностей. Все это можно объяснить тем, что мы созданы определенным образом и человеческое сердце восприимчиво к Богу. Но когда мы начинаем рассматривать конкретные откровения, картина значительно усложняется. Все дело в том, что каждая религия обладает своими

тины, каждый видит Бога по-своему, и никому не известна картина целиком.

Другой аналогичный пример — пальцы руки. Все они ведут к ладони, подобно тому, как все реки впадают в море. Некоторые религии и отдельные верующие действительно придерживаются такой точки зрения, и велико искушение придать излишнее значение некоторым чертам сходства. Есть такая модель межрелигиозного диалога — смешать все верования в один безвкусный «винегрет». Правда, это показывает разные верования не с лучшей стороны. Каждая религия обладает характерными чертами и набором постулатов, которые ценны сами по себе. Не следует подавать их в упрощенном, разведенном виде. Сколь часто бывает, что представители разных религий участвуют в общих дискуссиях и поражаются готовности других извиняться за свою веру. Многие христиане, например, склонны игнорировать различия и труднопреодолимые конфликты между притязаниями верований на истину. Однако мусульмане отличаются сильной самоидентичностью и живой верой. Они любят рассказывать о своем вероисповедании другим и ждут того же от своих собеседников. Настоящий диалог может возникнуть только на основе честности. Как сказал Киплинг:

*Но нет Востока, и Запада нет, что Племя, Родина, Род,*
*Если сильный с сильным лицом к лицу у края земли встает?*

Богослов Ганс Кюнг однажды заметил, что мир во всем мире не наступит до тех пор, пока между собой не достигнут примирения религии. Он не имел в виду фиктивное перемирие, когда религии скрывают свое истинное лицо, подчищая острые углы. Жить в мире — означает слушать друг друга, допускать разногласия, быть терпимым, но при этом преданным, глубоко преданным своей вере. Пусть наши разногласия проявляются в благих деяниях.

## ОБРАЗЦЫ ДИАЛОГА

Можно сказать, что уважение к другой традиции — гражданский долг человека. Оно может привести к более тесному сотрудничеству во имя развития, мира и справедливости. Оно помогает победить предрассудки и расизм. Кроме того, эта толерантность может открыть нам глаза на некоторые грани нашей собственной традиции, которые мы забыли или которыми пренебрегли. Я слышал об одном христианском священнике, присоединившемся к западным буддистам для медитации. Она не была по-настоящему буддийской, с использованием буддийских напевов; это было просто расслабляющее упражнение — человек представлял себе, что шаг за шагом идет по чистому

*Если бы несколько слепцов коснулись слона в разных местах, что описал бы каждый из них?*

теплому песку. Целью упражнения было побудить людей жить днем сегодняшним, ради настоящего; «сейчас» манит нас своей благодатью, а прошлое остается позади. Священник долго говорил с лидером этих буддистов о христианской духовности и таинстве настоящего момента.

Это был момент истинного сопереживания и взаимного просвещения. Буддийский ритуал пробудил христианское понимание.

Ганди черпал вдохновение в этических учениях Иисуса, в его Нагорной проповеди, используя их при толковании джайнистского принципа ненасилия, *ахимса*.

Подобный межрелигиозный диалог часто происходит в монашеских сообществах. Один католический монастырь как-то пригласил буддийского монаха выступить перед членами обители. Тот рассказал, что рассматривает крест как *коан* — лаконичное и мудрое изречение для медитаций. *Коаны* раскрывают восприятие и зачастую переворачивают ценности с ног на голову. Крест как символ, несомненно, обладает той же силой. Буддийский монах также поведал о своей надежде на просвещение, *самадхи*, и достижение блаженства, *нирваны*, в надежде на воскресение. Доктрины и термины были разными, но речь его нашла отклик в сердцах католиков, поскольку их объединяла общая духовная надежда.

Томас Мертон, знаменитый монах-траппист, на склоне лет совершил путешествие на Восток, где беседовал с Далай-ламой и приверженцами многих религий. Он вспоминал, что разговоры с Далай-ламой были приятными и полезными:

> «Дискуссия вышла очень теплой и сердечной, и в конце я почувствовал, что мы стали хорошими друзьями и в чем-то очень близки друг другу. Я испытываю глубочайшее уважение и симпатию к нему как к человеку... Он назвал меня "католическим гьяцо"...»

Звание «гьяцо» было величайшей почестью, какую только мог оказать человек уровня Далай-ламы, нечто вроде почетной докторской степени.

Обнаруженные недавно в Китае Сутры Иисуса, датированные первым тысячелетием, свидетельствуют об исполненном чуткости и веротерпимости диалоге христианских монахов с даосами и буддистами. Христианские верования толковались с привлечением восточных понятий — к примеру, святые назвались «Властителями *дхармы*», то есть людьми, постигшими Путь истины. В Сутрах, изложенные языком и стилем местных жителей, содержатся смелые описания надежды на возрождение во Христе, которое способно освободить человека от проклятия плохой *кармы*.

Такое непредвзятое сопереживание возможно, несмотря на огромные различия.

Но нам также следует признавать и осознавать тяжелые, темные и откровенно демонические стороны своих и чужих традиций. Существуют явно непривлекательные и пугающие доктрины и поступки. Это относится и к христианской традиции — достаточно упомянуть ярую ненависть католиков к протестантам во времена Реформации и кровожадность некоторых крестоносцев. Смирение велит нам в первую очередь сознавать собственные ошибки.

## СТРУКТУРА

Ниниан Смарт в итоге своих изысканий выявил семь измерений слоев религии:

✧ ритуальное
✧ эмпирическое
✧ мифическое
✧ догматическое
✧ этическое
✧ социальное
✧ художественное.

Существуют и другие способы «препарирования» религии для анализа, но данная модель оказалась весьма информативной. По причинам, которые уже упоминались, приятно видеть, что эмпирическое измерение попало в верхние строки списка.

Но все равно это излишне напоминает анатомирование или разглядывание частиц под микроскопом. Религия — это живое целое, в котором участвуют все слагаемые сразу. Я следую более духовному подходу, представляя религии как Пути, которым следуют люди. Поэтому и выбрал несколько категорий для рассмотрения религий с такой более личной позиции: что же для ее адепта означает принадлежность к вере? Например, я рассказываю о важных верованиях, ценных для верующего, а не просто привожу списки и описания, вырванные из оригинального контекста. Каждая глава этой книги построена по следующей схеме:

*Благоговение перед щедростью и красотой природы можно считать духовным чувством*

**1.** «Введение»: приводится общий обзор религии и описывается ее характер, суть или базис — ее «дух».

**2.** «Первые шаги»: рассказывается об основателях и истоках.

**3.** «Цель»: рассматриваются важнейшие верования и средоточие культа.

**4.** «Учители Пути»: исследуются Писания и данные в них наставления.

**5.** «Сокровищница сердца»: рассматриваются верования, наиболее ценные для верующего.

**6.** «Дороги к миру»: описываются способы молитвы и медитации, а также ключевые ценности.

**7.** «Благоговение и изумление»: рассказывается о местах поклонения и ритуалах.

**8.** «Проникновение в тайну»: исследуются церемонии, ключевые символы и способ утверждения и восприятия тайны.

**9.** «Празднества»: рассказывается о торжествах и паломничестве.

**10.** «Сегодня»: рассматриваются ключевые вопросы, стоящие перед верующими в современном обществе.

## ДУХОВНОЕ УПРАЖНЕНИЕ

Чтобы помочь вам проникнуться духом нашего выбора и понять структуру глав, предлагаем выполнить следующее упражнение, рассматривая каждую категорию применительно к себе самому. Уделите ему немного времени.

**1.** Размышляя о «духе», подумайте о своих особенностях. Что нравится другим людям в вас? Что вы умеете?

**2.** «Первые шаги» — прекрасная возможность окинуть взором свое прошлое. Проследите линию своей жизни, отмечая ключевые даты и переживания, хорошие и плохие, мирские и священные.

**3.** «Цель» — подумайте о важных задачах своей жизни или о важных для вас людях. Можно составить список, а также набрать журналы и перелистать их в поисках изображений, которые вас вдохновляют. Вырежьте их и составьте коллаж. Посмотрите, что получится. Что вы узнали о себе?

**4.** «Учители Пути» — сделайте обзор ключевых и наиболее влиятельных людей и книг, которые оказали на вас воздействие и помогли сделать жизненный выбор.

**5.** «Сокровищница сердца» побуждает задуматься о сокровищах собственной жизни, будь то внутренние качества, верования, навыки, предметы или люди.

**6.** «Дороги к миру» — повод задуматься, как вы достигаете мира в своей жизни. Возможно, у вас есть свой метод или место для молитвы? Чем вы занимаетесь, чтобы успокоиться и расслабиться?

**7.** «Благоговение и изумление» — вспомните чувство благоговения, испытанное вами в жизни, — например, при рождении ребенка или в те минуты, когда вы любуетесь закатом с холма.

**8.** «Проникновение в тайну» предлагает собрать важные символы своей жизни или изобрести собственные. Вспомните также о своих соприкосновениях с тайной — например, о тех страданиях, когда казалось, что выхода нет, или о том, как вы смотрели на ночное небо и думали о его бескрайности и Смысле сущего.

**9.** «Празднества» — вспомните моменты великих торжеств.

**10.** «Сегодня» возвращает в настоящее и предлагает задуматься, зачем вы хотите узнать о различных мировых религиях. Что вы ищете?

Теперь я предоставлю вас самому себе: ищите и исследуйте. Я радуюсь всему доброму и истинному в каждой религии, хотя и подтверждаю свою верность Иисусу, такому, каким он описан в одной англиканской молитве:

*Ты воскресил Иисуса Спасителем нашим,
рожденным Марией,
дабы был он хлебом насущным,
утоляющим всякий наш голод.*

Я надеюсь, что подошел к каждой вере настолько справедливо, насколько позволяет мне свет и искренность моей собственной. Я старался быть справедливым и непредвзятым даже в описаниях чуждых мне ритуалов и верований. Но повторю еще раз, я всего лишь человек, и абсолютная нейтральность в принципе недостижима для меня. Невозможно отделить наблюдателя от объекта наблюдений. В лучшем случае я, по-видимому, — лишь начинающий жонглер.

Кевин О'Доннел

# Индуизм

*Веди меня от небытия к бытию. Веди меня от тьмы к свету.*
*Веди меня от смерти к бессмертию.*

Упанишады

## ДРЕВНЕЙШАЯ ВЕРА?

Сегодня в мире насчитывается около 900 миллионов индустов, живущих в разных странах. Большинство из них — в Индии. Индуисты убеждены, что их вера — древнейшая из известных человечеству. Термин же «индуизм» является относительно новым и обозначает верования обитателей долины реки Инд. Индуисты называют свою веру *Санатана дхарма* — Вечный Закон или Путь. Некоторые формы того, что нынче называют индуизмом, возникли по крайней мере за 3000 лет до нашей эры. В каком именно обличье он существовал до этого — никто не знает, ведь многие сведения о прошлом недоступны из-за отсутствия артефактов и письменных свидетельств. Кроме того, долгие века эта религия росла и развивалась из базовой, общей матрицы понятий. Выделяют основные периоды развития, особенно значим VI век до н. э.

## ЭКЗОТИЧЕСКОЕ РАСТЕНИЕ?

Индуизм включает множество разных обычаев, духовных путей и верований о Боге и богах, а некоторые ритуалы насчитывают тысячелетия. Индуизм часто уподобляют экзотическому растению с множеством стволов и ветвей, в котором древние, даже в чем-то примитивные стороны развиваются параллельно с более возвышенными и философскими идеями. На ум приходит такое сравнение: древнегреческая религия с Зевсом и пантеоном богов сохранилась в целости после принятия эллинским обществом монотеизма и философии, смешавшись с христианством в едином духовном коктейле. Разумеется, этого не произошло, и старые идеи сменились новыми. Но только не в индуизме.

## ОДИН ИЛИ МНОГО?

У индуистов различные представления о Боге. Формально, по крайней мере, присутствует множество богов. В домах и храмах можно увидеть разнообразные изображения божеств. Существуют четыре школы взглядов:

**1.** Богов много — некоторые индуисты являются по сути политеистами.

**2.** Бог един, а все божества являются ипостасями Бога, его символами. То есть сила, свет, творчество, справедливость и так далее изображаются отдельными сущностями.

**3.** Бог един, но существует множество возвышенных, божественных сущностей, которые сродни ангелам и святым в христианстве. Один лишь Бог, вроде Вишну и Кришны, мог принимать человеческий облик в своих *аватарах*, а другие божества — либо высшие создания, либо вознесшиеся души очищенных людей.

**4.** Некоторые рассматривают Бога (и соответственно, всех других божеств) как безличную жизненную силу, некую энергию. Другие утверждают, что Бог есть личность, с которой можно найти общий язык.

## ПРИШЕСТВИЕ НА ЗАПАД

Индуизм распространялся по линиям иммиграции, особенно в различные уголки бывшей Британской империи. В конце XX в. на Западе наблюдался всплеск интереса к индуистским учениям. Поп-звезды встречались с индийскими гуру или перенимали некоторые аспекты веры и музыкального стиля, а в 1960-е гг. индуистский праведник Шри Шриманд А. Ч. Бхактиведанта Свами Прабхупада основал Международное общество сознания Кришны (МОСК).

### В двух словах

Индуизм — очень старая религиозная система, возникшая в Индии. Возвышенные идеи монотеизма мирно сосуществуют с деревенскими храмами в честь родовых божеств или духов. Цепочка ритуалов и обрядов помогает человеку пройти долгий путь назад к Источнику жизни, обратно к Богу. Этот путь может занять несколько жизней, и индуисты верят в переселение душ. Считается, что в каждом человеке заключена божественная искра — *атман*, или душа. Ей суждено вернуться к Богу. Богослужения бывают экзотическими и красочными, живыми и веселыми, с большим количеством символов и подношений.

### Дух

Индуизм учит терпимости к другим путям и верам, признавая, что к Богу можно прийти разными дорогами.

*Участники группы «Битлз» с индуистским гуру Махариши*

Он допускает сосуществование совершенно разных идей и воззрений и следование различным духовным путям в рамках одной религии.

### Символ

Слог *Аум*, или Ом, написанный на санскрите — древнем языке. Его произносят нараспев, и многие считают, что он олицетворяет основные колебания энергии, с помощью которой была создана вселенная.

# Первые шаги

*Хотя все вокруг меня постоянно меняется, постоянно гибнет, за всеми переменами стоит живая сила, которая неизменна, которая скрепляет все воедино, которая создает, растворяет и воссоздает. Эта сила, этот дух и есть Бог.*

Мохандас Ганди

## СВИДЕТЕЛЬСТВА ДРЕВНОСТИ

Археологи раскопали на Индской равнине останки древнего города Мохенджо-Даро. Он был построен примерно в 3000 г. до н. э. и когда-то считался одним из нескольких крупных городов, возведенных в долине реки Инд.

В городе были мощеные улицы и кирпичные дома с дренажной системой. Они существенно превосходили жилища многих древних народов того времени. Мы не можем с уверенностью говорить о том, какой была религия жителей Мохенджо-Даро, однако археологи обнаружили многочисленные артефакты. Среди них статуи богинь, потемневшие от дыма, будто перед ними ставили зажженные лампады. Судя по всему, мертвых в то время хоронили (позднейшие индуистские ритуалы предписывают кремацию). На чашах, которые закапывали вместе с усопшими в качестве подношения, нанесены изображения животных, богов и богинь. Найдена также глиняная печать с фигурой какого-то божества, сидящего в позе лотоса — возможно, это примитивное изображение индуистского бога Шивы. Надписи расшифровать не удалось, поскольку они сделаны на неизвестном языке.

Обнаружены также свидетельства ритуальных омовений для очищения перед службой и следы собраний вокруг церемониальных костров. Подобные обряды очищения и подношения у священного костра в современном индуизме сохранились до сих пор.

## АРИЙСКИЙ НАРОД

Арии переселились на Индскую равнину из Средней Азии примерно в 1500 г. до н. э. Они завоевали землю и насадили свои обычаи, при этом переняв некоторые древние традиции и распространив их по мере того, как мирно селились рядом с коренными обитателями равнины и заключали смешанные браки. «Арии» означает «благородный народ». Археологические находки свидетельствуют, что в то время существовали жертвоприношения: кровь жертвенных животных и пищу подносили богам, чтобы умилостивить их и получить благословение.

Судя по всему, арийские божества были связаны с небом, солнцем и ветром. Индра,

### Бхакти

*Бхакти*-йога означает «Путь преданности». Это способ найти Бога путем радостных славословий божественному. Последователи *бхакти* обычно поклоняются Шиве или Вишну как личностным формам Бога (аватарам). *Бхакти-йога* процветала в средние века, когда мудрец Чайтанья (1486—1534) использовал популярные рассказы о Кришне, чтобы основать в Бенгалии новое течение поклонения этому богу как Верховному богу вместо Вишну. Последователи *бхакти* могут носить отличительные метки на лбу. Они часто выбривают голову, оставляя кисточку волос, которая развевается подобно флагу во славу Господа. Некоторые из них утверждают, что за нее Кришна поднимет верующего на небеса.

бог грома, был одним из наиболее популярных божеств. Арии верили, что этот бог-воин помог им завоевать землю: «что могуществом сравнялся со всеми, что движет недвижимое; он, о мудрец, — это Индра». Считается, что арии основали кастовую систему, впервые высказав мысль о *варнах*, или кастах людей. Скорее всего, они отнесли коренное население к двум нижайшим кастам *вайшью* (торговцев) и *шудр* (неквалифицированных рабочих). Арии же составляли две старшие касты *брахманов* (духовенства) и *кшатриев* (воинов). Впрочем, ученые расходятся в мнениях о том, насколько строго соблюдались кастовые требования.

## ВЕДЫ

Постепенно появились Писания в форме *Вед* (что значит «знания»), в которых подробно рассказывалось о жертвоприношениях, божествах и восхвалениях Бога.

К VI веку до н. э. люди уже отрекались от материальных благ и работы, чтобы сидеть в ногах лесных учителей, гуру. Они беседовали о метафизике, богах и методах богослужения. Они изобрели способы медитации для освобождения сознания от земных привязанностей и желаний, в пользу поисков высшей истины и божественного. Этот путь получил название *джнана-йога*, что значит «Путь медитации и самообладания». Представления о Боге как о безличной силе, постоянно пребывающей во всем сущем, и *атмане* как искре этого божественного света, вышли именно из этих учений.

### ЛЕГЕНДЫ О ГЕРОИЗМЕ

В индуизме нет недостатка в историях о героях, богах, воинах и мудрецах. Многие из них происходят в древние, доисторические в нашем понимании времена, и представляют собой длинные саги, полные эпических сражений, любовных историй и наставлений. Существуют также своды законов, вроде законов Ману, написанных около 200 г. н. э. В индуистских повествованиях встречается много божеств, много героев, много учителей, но нет ни единого упоминания об основателе этой древней религии.

## Цель

*«Ты — женщина, ты — мужчина,
ты — юноша и, поистине, — девушка.
Ты — старик, ковыляющий с палкой,
ты — новорожденный, поворачивающийся во все стороны.
Ты — синяя птица, зеленая птица
с красными глазами,
облако с молнией в своем лоне, времена
года, моря.
Ты — безначальный, благодаря вездесущности;
от тебя рождены все миры».*

Упанишады[1]

### РАННИЕ ВЕРОВАНИЯ

В ранних Ведах упоминаются разные божества, но особенно часто восхваляется Варуна, прощающий бог:

*Я прославляю Варуну всемогущего, Бога, любящего почитателя своего. Восхваляем тебя в мыслях своих, о Господь. Восхваляем тебя подобно тому, как солнце восхваляет тебя по утрам; быть рабами твоими — радость для нас.*

*Избави меня от страха, о Господь. Милостиво впусти меня к себе, о Царь... В песнях будем мы восхвалять тебя, О Господь всемогущий. Отныне и вовеки будем мы славить тебя песней, как славили тебя с времен незапамятных. Ибо законы твои непреложны, О Господь: они тверды как горы...*

Ригведа[2] 11:28.1—9

Другой ранний гимн посвящен поискам высшего Бога, Верховного Бога, единого и вечного. Это размышление о времени, вечности и создании:

*Тогда не было того, что есть, и того, чего нет. Не было небосвода, и не было небес над небосводом. Какая сила была? Где была она? Кто был силой той? Была ли пропасть с бездонными водами?*

*Тогда не было ни смерти, ни бессмертия. Не видно было ни дня, ни ночи. Единое дышало своей силой в упокоении глубоком. Лишь Единое было; ничего не было за пределами его... И в Едином зародилась любовь. Любовь есть первое семя души. Истину сию нашли мудрецы в сердцах своих...*

Ригведа 10.129

---

[1] Здесь и далее Упанишады цитируются в переводе А. Сыркина.

[2] Здесь и далее цитируется в переводе Т. Я. Елизаренковой.

## Аватары Вишну

Согласно еще одной древней индуистской традиции, Вишну — для многих индуистов просто «Бог» — несколько раз в истории принимал обличья людей и животных, чтобы наставлять человечество. Эти обличья, или ипостаси, называются *аватарами*.

В индуистской литературе описано десять *аватар*; первые шесть — животные или полулюди, а последние четыре — люди. Некоторые индуисты полагают, что их было меньше, исключая Будду, а другие причисляют к *аватарам* таких учителей, как Иисус.

1. Первый Ману, предупредивший о потопе.
2. Черепаха, создавшая океан, чтобы могла зародиться жизнь.
3. Вепрь, сразившийся с демоном и спасший землю.
4. Человек-лев, уничтоживший демона, который запрещал людям поклоняться Богу.
5. Карлик, выросший до гигантских размеров и хитростью уничтоживший демона.
6. Парашурама, герой, уберегший многих священнослужителей от убийства.
7. Рама, царевич, который победил злого Равану и спас его жену Ситу.
8. Кришна-пастух, научивший Арджуну тайнам в Бхагавад-гите.
9. Будда, учивший просветлению.
10. Калки (Мессия), еще не пришедшая *аватара*, которая окончит текущую эпоху и принесет мир.

Некоторые из упомянутых демонов-царей считаются людьми, достигшими огромной власти неверным использованием медитации.

Все, кроме последних двух, якобы жили тысячи лет назад. Говорят, к примеру, что Кришна жил около 5000 лет назад.

*Аватары* являются реальными и иллюзорными одновременно. Бог может по желанию покидать тело, он не знает страданий и поражений. Это хорошо явствует, например, из некоторых популярных историй о Кришне. В одной истории мать отчитывает его за то, что он украл у нее масло. Она пытается связать его веревкой, но веревка не может обхватить его — на самом деле он шире вселенной. В другой истории он открывает рот и обнаруживается, что внутри него вращается вселенная. *Аватары* — это не то же самое, что воплощения в христианском понимании: христиане верят, что Бог стал плотью и мог страдать, будучи готовым к акту воскресения. *Аватары* же сродни явлениям или проявлениям.

## БРАХМАН И АТМАН

Поиск Единого, Вечного и Непознанного занимал умы и сердца мудрецов и гуру на протяжении долгих лет. В VI в. до н. э. возникли представление о *Брахмане* — это слово связано с ростом и созиданием. *Брахман* — это Истина мироздания, Целое, Полнота бытия. *Атман* — это Истина сердца, внутренней сущности или души. Священный слог *Аум* может применяться и к *Брахману* и к *атману*.

В одной из Упанишад, священном писании лесных гуру, задается вопрос:

*«То сомнение, что возникает вслед за смертью человека — когда некоторые говорят: «Оно есть», другие говорят: «Его нет» — пусть я узнаю об этом по твоему наставлению».*

Ответ таков:

*Атман, разумное Я, не рождается и не умирает.*

Катха-упанишада[1]

---

[1] Здесь и далее цитируется в переводе Б. Б. Гребенщикова.

## ИНДУИСТСКАЯ ТРОИЦА?

В некоторых индуистских традициях три божества — Брахма, Вишну и Шива — почитаются как три бога в триаде силы. Брахма — создатель, Вишну — хранитель, а Шива — разрушитель (который уничтожает и очищает, чтобы возникло новое начало). В других традициях каждый из этих богов выступает как создатель. О богах существует множество историй и мифов, которые невозможно объединить в одно согласованное целое. Например, на некоторых изображён Шива, танцем создающий вселенную, с музыкальными инструментами, множеством рук, что обозначает силу, и кольцом огня вокруг него, что олицетворяет вечность и власть.

*Шива исполняет танец созидания в круге огня, попирая ногой злого демона*

# Учители Пути

*Не делай другому того, чего не пожелаешь себе; такова суть закона — все прочие законы изменчивы.*

Махабхарата[2]

### ШАСТРЫ

В индуизме Писания называются *Шастрами*. Существует множество разных Писаний, складывавшихся на протяжении многих веков по мере развития индуизма. Самое большое и почитаемое собрание называется Ведами — от слова, обозначающего знание. Индуистская духовная литература включает также и множество гимнов и метафизических рассуждений *гуру* и их учеников. Последние именуются *Упанишадами*, что значит «сидеть у ног господина». Самое древнее собрание ведических текстов — Ригведа, в которую вошло множество славословий богам, причем некоторые из них относятся к арийским временам (то есть им около 3000 лет). Веды в целом содержат научные, медицинские и математические знания, крайне передовые для своего времени.

Понять Веды нелегко. Они написаны на санскрите — мертвом языке, поэтому священнослужителям приходится объяснять их на хинди и других местных наречиях. В Ведах излагаются сложные понятия, и к ним существует множество комментариев, написанных брахманами — так называемых *Смрити*.

---
[2]  Здесь и далее цитируется по изданию: Махабхарата. Рамаяна. М.: Худож. лит., 1974.

## Бхагавад-гита

*Бхагавад-гита* означает «Песнь Господа», и это одно из самых популярных Писаний среди индуистов. Оно является частью эпического текста Махабхараты: две армии сошлись лицом к лицу, готовые начать бой. Царевич Арджуна восседает на колеснице, но он встревожен и напуган, ведь приходится воевать со своими родичами. Возничий, Кришна, дает ему совет. Кришна рассказывает о долге, *дхарме* и вечной природе *атмана*. Он обучает Арджуну различным йогам — *карма*-йоге, в которой добрые деяния очищают душу; *джнана*-йоге, в которой медитация приближает к Богу; и *бхакти*-йоге, которая требует восхвалять Бога, демонстрируя ему свою преданность.

Кришна учит Арджуну поклоняться ему как Богу, и в конце Бхагавад-гиты происходит явление Кришны как божественной сущности.

## ЭПОПЕИ

Истории развлекают и учат истине лучше долгих рассуждений и гимнов. У индуистов есть много собраний притч и рассказов, просвещающих читателя и слушателя. Крупнейшие из них — *Махабхарата* и *Рамаяна*.

Махабхарата — это великая история древней Индии. Это эпическое произведение о борьбе добра и зла, в основе которого лежит борьба за трон и смертельная опасность, грозящая пятерым царевичам.

Слепой царевич был законным наследником, но он не мог занять трон, и поэтому предложил корону своему брату Панду.

Панду отказался от трона, чтобы стать праведником — *садху* или *саньяси*. Он передал власть своему брату Дхитараштре. Дхитараштра взял пятерых сыновей Панду к себе во дворец, чтобы заботиться о них после того, как отец отрекся от всего мирского и зажил жизнью праведника. Он относился к сыновьям брата как к своим собственным. Родные сыновья царя втайне ревновали и решили убить своих двоюродных братьев. Царевич Арджуна помог сыновьям Панду сбежать в лес. Панду прослышал об этом и отдал своим сыновьям полцарства, но произошло великое сражение, которое бушевало восемнадцать дней. Сыновья Панду победили и правили мудро. Рамаяна рассказывает о попытке царевича Рамы освободить свою жену Ситу от царя-демона Раваны.

## ПРИТЧИ

В индуизме множество притч. В некоторых Кришна раскрывает свою божественную природу и духовную мудрость. Например, в истории о Кришне и пастушках-*гопи* рассказывается, как он спрятал одежду девушек, пока они купались в реке. Чтобы вернуть одежду, они должны были выйти к нему одна за другой, совершенно нагими, и склониться в почтении. На первый взгляд история кажется возмутительной, но у нее есть духовное толкование: душа должна быть честной и открытой перед Богом.

В рассказе о танце Раса *гопи* поют и возносят хвалу вместе с Кришной у реки. Кришна отходит от них со своей возлюбленной Радхой. Оставшиеся пастушки испытывают жгучую ревность, теряя его из виду. Затем они находят Радху в слезах: она возгордилась, что одна желанна Кришне, и он исчез. Кришна возвращается только тогда, когда девушки подавляют в себе недостойные чувства. Пред лицом гордыни Бог уходит: смирение желанно ему.

## ЛИЧНОСТИ

В XVIII—XX вв. в индуизме появилось немало видных и преданных проповедников. В то время Восток соприкасался с Западом благодаря торговле между странами Британской империи. Эти люди стремились частично реформировать индуизм, чтобы Индия могла продвинуться вперед и извлечь выгоду из контактов с Западом и эпохи рационализма. Они отходили от более простых, примитивных верований в божества и склонялись к мысли о чистом монотеизме, вере в единого Бога, стоящей в основе ислама и христианства. Они стремились к терпимости и уважению между религиями.

Рам Мохан Рай (1772—1833) работал в Бенгалии, где базировалась Ост-инд-

ская компания. Мохан Рай получил образование в мусульманском центре на Ганге, а затем изучал санскрит. Он перевел часть Упанишад на английский, пытаясь доказать, что индуизм основан на идее единого Бога. Он также писал об учениях Иисуса, считая их живыми и этичными, но отвергал другие христианские доктрины как более поздние мифические наслоения.

Такой подчищенный образ Христа четко вписывался в его картину мира. Дебендранат Тагор (1817—1905) вместе с «Божественным обществом» Рая боролся за социальную реформу индуизма, ослабление кастовой системы и открытость в отношениях с неприкасаемыми — низшим классом общества в традиционной

*Кришна и царевич Арджуна несутся в битву на колеснице*

Индии. Рамакришна (1834—1886) начинал страстным последователем Кали, богини-Матери, избрав путь *бхакти*, но стремился к высшему экстазу. Он придумал новые формы *джнана*-йоги, медитируя и утверждая, что достигает высшего состояния сознания, где Бог, душа и все божества сливаются в одну реальность. Он также обращался к учениям других религий, медитируя на имена Аллаха и Христа. Из своего опыта он сделал вывод, что все религии находятся в гармонии друг с другом.

## Сокровищница сердца

*Поистине, не ради супруга дорог супруг, но ради атмана дорог супруг… Поистине, не ради сыновей дороги сыновья, но ради атмана дороги сыновья.*

Упанишады

### ТАТ ТВАМ АСИ

В Упанишадах учения о божественности и человеке резюмируются фразой *тат твам аси* — «Ты Есть То!». Одна притча объясняет это понятие.

Ученик спросил у духовного наставника, где обитает Бог. Тот взял миску с водой и велел ученику насыпать туда соли. Ученик повиновался. Тогда учитель велел ученику отпить с одной стороны. «Ты чувствуешь вкус соли?» — спросил он. «Да».

Затем учитель повернул миску и задал тот же вопрос, и так снова, снова и снова, пока ученик не отпил с каждой стороны. Соль, сказал учитель, есть по всей воде, везде. *Брахман* — это сила по всей вселенной. Но он добавил: «Ты есть То!», чтобы объяснить, что наше истинное «я» есть

часть Бога. В основе многих современных эзотерических течений лежит мысль о божественности человеческого «я»: приверженцы эзотерики во многом вдохновляются восточными религиями.

*Атман* следует понимать как вечную действительность, часть *Брахмана* в каждом человеке. Это не то же самое, что христианское представление о бессмертии души, ибо душа считается даром Создателя.

При встрече индуисты кланяются, складывая руки в молитвенном жесте. Они говорят: «Намасте», что значит: «Я склоняюсь пред тобой в уважении». Таким образом они воздают почести *атману* в другом человеке.

Понятие *атман* объясняется во многих притчах. Например такой. Две птицы жили на дереве. Маленькая птица клевала плоды и чувствовала защиту большой, когда та раскрывала крылья. Дерево — это тело; маленькая птица — это *атман*, а большая — *Брахман*. Еще одна притча гласит: солнечный свет льется в комнату, но лампочка тоже дает свет. Свет Солнца — это Бог, а лампочки — *атман*.

### ДХАРМА

Слово *дхарма* можно перевести как «долг», «Путь» или «Учение». Ей надо подчиняться и следовать. «Долг» означает праведные деяния. К примеру, следует становиться на сторону добра и бороться с несправедливостью. Это может быть ненасильственный протест, *ахимса*, которым славился Ганди, но позволяется также вести войну во имя справедливости, как Кришна учил царевича Арджуну в Бхагавад-гите.

---

¹ Здесь и далее цитируется по изданию: Бхагавад-гита как она есть. Полное издание с подлинными санскритскими текстами, русской транслитерацией, дословным и литературным переводами и комментариями. М.: Изд-во «Бхакти-веданта Бук Траст», 1984.

Если бы тысячи солнц взошли на небе одновременно, то их сияние смогло бы напомнить сияние Высшей личности в этой вселенской форме.

Бхагавад-гита¹ 11 : 12

О Властитель Вселенной, о вселенская форма, я вижу в твоем теле много-много рук, чрев, ртов, глаз, простирающихся повсюду, без предела. Тебе нет конца, нет середины и нет начала.

(Арджуна — Кришне, Бхагавад-гита 11 : 16)

Хотя все древние тексты священны, все они допускают фигуральное толкование; в отличие от ислама и… протестантского христианства, индуизм никогда не полагался на букву Писаний. Поэтому у него есть все возможности приспособиться к… стремительно меняющимся условиям.

Артур Л. Бэшем. Полная энциклопедия живых религий. Индуизм

∗

## Карма

Индуисты верят в *карму*. Это слово часто переводят как «судьба», и хотя *карма* является безличной силой или принципом, это вовсе не слепая судьба. Скорее, *карма* — это сила поступков человека в жизни или нескольких жизнях. Она сродни кругам, разбегающимся на воде от брошенного камня. Поступки имеют далеко идущие последствия, подобно христианскому учению «что посеешь, то и пожнешь». То есть *карма* — это накопление, энергия, решающая судьбу человека.

В отличие от христиан, индуисты верят в многочисленные реинкарнации и цикл перерождений, *самсару*. Каждое перерождение считается следствием предыдущих поступков и накопленной *кармы*. Жизнь — это иллюзия (*майя*), куда меньшая реальность, чем вечная реальность *Брахмана* или божественного. Индуисты стремятся вырваться из цикла *самсары* и обрести союз с божественным, высшее блаженство. Это достижение называется *мокша*, освобождение. Они верят, что может понадобиться много жизней, чтобы стать достаточно чистым и свободным от плохой *кармы*.

В некоторых индуистских традициях освобождение и союз безличны, как падение капли дождя в океан. В других, вроде вишнуизма и движения *бхакти*, они индивидуальны. Капля дождя сохраняет сознание и испытывает блаженство в присутствии Господа. В движении *бхакти* также есть понятие личного рая, где человек блаженствует в присутствии Бога.

*Дхарма* также подразумевает уважение к природе и окружающей среде, почтение к присутствию Бога во всем живом и *атману* в животных и людях. Земля рассматривается как Мать, поскольку вся наша жизнь находится в зависимости от природы. В ответ мы должны уважать природу. Всякое материнство считается в индуизме священным, будь то среди зверей или среди людей, будь то материнство коровы или богини.

Леса и сады считаются священными рощами, местами божественного присутствия и красоты.

У индуистов поощряется вегетарианство, хотя обязательным оно является только для священнослужителей, странствующих праведников, *садху*, и некоторых преданных верующих вроде членов МОСК.

## СВЯЩЕННЫЕ КОРОВЫ

Корова уже много веков считается в индуизме священной. Вероятно, такое отношение возникло еще во времена арийского вторжения, когда коров повсеместно разводили ради молока и шкур, снимавшихся после их смерти. В сельской части Индии коровы приносят людям неоценимую пользу. Они дают молоко, из которого делают топленое масло (*гхи*), простоквашу, сливки и сыр. *Гхи* используется в подношениях. Кроме того, коров запрягают в повозки и плуги при возделывании земли, молотьбе зерна и копании ирригационных каналов. Высушенный коровий навоз используют для укрепления стен и как топливо для очага. Коровы — нужные, полезные животные, которые считаются «матерями» или дарами богов. Их нельзя убивать, а употребление говядины в пищу запрещено. При индуистских центрах — *ашрамах*, где люди живут и поклоняются богам в общине, — часто существуют своеобразные заповедники для коров, причем уход за ними и использование их для обработки земли — важнейшая часть быта и благочестивое занятие.

Каста человека, *варна*, определяется *кармой*. В законах Ману (ок. 200 г. н. э.) определялась роль каждой касты и ее обязанности. Эта система стала довольно жесткой, определяя права на трудоустройство и брак. Следование этим законам считается *дхармой* человека. Однако в индуизме есть и другая, более либеральная традиция. Согласно ей, статус и права человека определяются его внутренней природой и характером. Это более духовное понимание касты. Именно оно преподносится в Бхагавад-гите.

Случалось, что гуру-брахманы принимали в послушание членов низших каст после того, как те показывали, что обладают необходимым пониманием, желанием и искренностью характера. Как сказал один брахман незаконнорожденному послушнику, не знавшему, кто его отец: «Я принимаю тебя как брахмана, ибо душа твоя чиста».

Именно поэтому члены МОСК принимаются как брахманы-священнослужители в некоторых частях Индии, несмотря на свое иностранное происхождение.

# Дороги к миру

*Я верю, что если неприкасаемость по-настоящему искоренить, это очистит индуизм от ужасного пятна. Моя борьба против неприкасаемости — это борьба против всего нечистого в человеке... Мой клич вознесется к трону Господа Всемогущего.*

Мохандас Ганди

## ЙОГА

«Йога» означает «путь единения». Этот корень также есть в слове «ярмо» — оно держит быков вместе и направляет их шаг. В индуизме есть несколько видов йоги, из которых только одна включает физические упражнения. Та йога, которую в оздоровительных целях практикуют на Западе, называется *хатха*-йогой; это лишь первая ступень в последовательности упражнений и тренировок, которые помогают человеку медитировать. Так он достигает *джнана*-йоги — способа сосредоточиться, очистить сознание и достичь равнодушия к материальной стороне жизни. Одно из умственных упражнений предлагает посвященным представить себе сначала лица любимых, а затем лица врагов и культивировать в себе холодность и отстраненность.

Еще два вида йоги включают труд и поклонение. *Карма*-йога стремится благими деяниями достичь хорошей, положительной *кармы*. Бхакти-йога посвящена преданности личному божеству.

## ПЕСНОПЕНИЯ

У индуистов существуют *мантры*, которые можно использовать для медитации или для восхваления *бхакти*. *Гуру* может дать ученику конкретную *мантру*, в которой, как правило, называются имена индуистских богов. *Мантры* — это короткие предложения, которые человек повторяет снова и снова, постепенно давая ритму и смыслу проникнуть глубоко в сознание. МОСК пользуется мантрой «Харе Кришна».

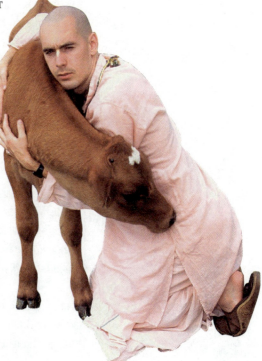

*Член Международного общества сознания Кришны ухаживает за теленком на ферме в Англии*

Это было чувство облег-
чения, чувство радости.
Как будто я попал в рай.

*Индуистский паломник
к Гангу*

*Распевание Аум* — это
все: Бог, вселенная,
жизнь, краски дня,
звезды ночи. *Аум* —
это благословение
и все хорошее.

*Сита, индийская девочка-
индуистка*

\*

## Мохандас Ганди и ненасилие

*Ахимса* означает «ненасилие» или ненанесе-
ние вреда живым существам. Этот принцип
упоминается еще в Упанишадах, но в наше
время он приобрел всемирную известность
благодаря тому, что его исповедовал Мохандас К. Ганди (1869—1948). Возможно, уважение к этому принципу привили ему друзья-
джайны. (На самом деле *ахимса* берет свое
начало в буддизме: это первый из Пяти принципов буддийской жизни. Для привержен-
цев джайнизма он не менее важен, поскольку является первым из Пяти великих обетов.
У джайнов *ахимса* означает запрет на убийство или причинение вреда всякому живому
существу, и джайнистские праведники закрывают рот белой тканью, чтобы случайно не про-
глотить какое-нибудь насекомое. Кроме того,
они подметают перед собой пол, чтобы не наступить ни на какое живое существо.)

Мохандас К. Ганди родился в джайнист-
ской части Индии. В детстве на него заметно повлияли джайнистские праведники,
особенно некий Райчанд Бхай, о котором он
пишет в своей автобиографии.

В 1888 г. Ганди отправился в Англию
изучать право. Он начал глубже интересо-
ваться индуизмом после жизни в чужой
культурной среде, где ему постоянно приходилось отвечать на вопросы любопыт-

ных. Именно в то время он посвятил себя
Бхагавад-гите.

В ЮАР Ганди возглавил движение против
законов, согласно которым все индийцы были обязаны носить удостоверение личности
и таким образом рассматривались как граждане второго сорта. Он стал последователем
*ахимсы*, ненасильственного протеста. В 1915 г.
эту идею он привез обратно в Индию. Там он
основал религиозную общину — *ашрам*. Двери были открыты для всех, и Ганди пригласил в *ашрам* семью *далитов*, неприкасаемых.
Он назвал их *хариджанами*, «детьми Бога».
Ганди объявил голодовку в поддержку *ха-
риджан*, о которой писали по всему миру. Как
следствие этой голодовки многие храмы со-
гласились принимать неприкасаемых. Еще
одним примером ненасильственного протеста был солевой марш 1930 года. Британское
правительство ввело налог на соль, и поэтому он отвел людей к морю и научил их выпа-
ривать соль из воды.

Ганди говорил, что *ахимса* — это «сила
истины», *сатьяграха*. Она красноречиво ве-
щает, бросает вызов, терзает совесть и сты-
дит сильных и коррумпированных.

В 1948 г., после того, как он помог Индии
добиться независимости от Британии в 1947,
Ганди был убит индуистским экстремистом.

*Харе Кришна, Харе Кришна,
Кришна, Кришна, Харе, Харе,
Харе Рама, Харе Рама,
Рама, Рама, Харе, Харе.*

Рама — другое имя Бога, проявления или
*аватары* Вишну. Харе — другое имя спут-
ницы Кришны Радхи.

### ПОЧТЕНИЕ К ЖИЗНИ

Индуизм учит почтению к жизни. Если Бог
населяет все живое, то уважение к живому — в определенной степени поклонение
Богу. Многие индусты предпочитают вести
вегетарианский образ жизни, хотя это обязательно только для священнослужителей.
Таким образом они практикуют *ахимсу*

и признают, что все животные также носят в себе *атман*. Индуисты верят, что в следующем рождении человек может стать животным. В МОСК требования к преданным вере гораздо строже.

Им положено соблюдать строгую диету, фактически состоящую лишь из молока, орехов, простокваши и фруктов. Их учат, что мясоед переродится в животное или умрет насильственной смертью.

Почтение к природе естественным образом вытекает из ощущения Бога во всем живом. В Махабхарате говорится: «даже если в селении есть лишь одно дерево с цветами и плодами, это место достойно поклонения и уважения».

### МАТЬ ГАНГА

Река Ганг священна для индуистов — они называют ее «Мать Ганга». С одной стороны, это река, текущая с заснеженных вершин Гималайских гор. С другой — она олицетворяет духовность, ниспосланный дар Шивы. Индуисты купаются в ее водах, веря, что омовение очистит их от грехов. Священный город Варанаси, или Бенарес, стоит на берегах Ганга. Тысячи людей съезжаются туда, чтобы встать на заре и отправиться купаться в священных водах. Многих кремируют в Варанаси, а затем рассеивают пепел над водой.

# Благоговение и изумление

*Если чистосердечный человек предложит Мне с преданностью лист, цветок, плод или воду, то Я приму это.*

Кришна, Бхагавад-гита

### ИШТА ДЭВАТА

У индуистов есть понятие «избранного Божества», *ишта дэвата*. Это означает, что Богу можно поклоняться через одну ипос-

*Ганди на крыльце резиденции премьер-министра в Лондоне во время своего визита в Британию в 1931 году*

Мать Ганга, я склоняюсь пред тобою. От одного касания твоих священных вод даже змеи, лошади, олени и обезьяны (не говоря о людях) становятся столь же чистыми и прекрасными, как Шива.

Индуистский поэт

∗

тась, через одного из богов. Например, человек может стать последователем Шивы, Вишну, Кришны или Кали.

В одной известной притче ребенок спрашивает бабушку о количестве богов:

*«Сколько живет богов?»*
*«Три тысячи богов».*
*Ребенок спросил снова: «Сколько богов?»*
*«Три сотни».*
*И снова спросил ребенок: «Сколько богов?»*
*«Три».*
*В последний раз осведомился ребенок у бабушки: «Сколько богов?»*
*«Лишь один!»*

Хотя некоторые индуисты являются политеистами, на практике многие поклоняются Богу в одной ипостаси. Они часто носят на лбу и других частях тела глиняные метки, которые символизируют избранное божество. Последователи Кришны могут помечать глиной многие части тела — лоб, живот, грудь, горло, ямку между ключицами, руки, талию с двух сторон, спину, поясницу и макушку. При этом они нараспев произносят тринадцать имен Кришны. Специальная метка в честь *ишта дэвата* называется *тилака*.

*Индуистские паломники совершают омовение в Ганге*

## ОБРАЗЫ

Образы богов, *арка*, устанавливаются в храмах. Их вносят и благословляют, чтобы в образе жила частичка Бога, или ощущалось его присутствие.

Это не просто наглядные пособия, а нечто сродни священным символам в христианской традиции. Физические предметы могут передавать присутствие божественного. Образы каждое утро омывают, одевают в нарядные одежды или украшают, им подносят пищу. Перед входом в храм верующие разуваются, а некоторые еще и моют руки. Они звонят в колокольчик, чтобы сообщить божеству о своем появлении. Поход в храм — в основном акт преданности Богу. Это называется *дарсхана*, посещение Бога: теперь божество увидит верующего, а верующий увидит божество.

Изображения богов бывают темными и пугающими; они отражают темную сторону жизни и силу смерти, а также перерождения. Мать Кали часто изображается в образе зловещей воительницы с ожерельем из отрубленных голов, поясом из отрубленных рук и змеей на шее. Ее последователи знают, что она может потребовать жертвоприношений.

### МАНДИРЫ

*Мандиры*, или храмы, имеют форму гор, вытянутых к небу. Резьба снаружи храма часто изображает восхождение от животных к людям и дальше к богам. В самой священной палате, внутреннем храме, расположено изображение Бога. Эту палату еще называют «утробой». Над ней вздымается шпиль, символизирующий восхождение души к Богу во время освобождения, *мокши*. Основной молельный зал стоит на колоннах, это *мандап*.

*Богиня Кали, сразившая врага*

### АРТИ

Каждый день во время пуджи священнослужитель исполняет церемонию *арти*. В начале и в конце ее он дует в раковину. Затем звонит в храмовый колокольчик. Божеству подносят благовония, огонь и воду. Наконец служитель берет лоток со свечами или лампу и водит ею вокруг образа. Потом он передает лампу другим верующим. Они приветствуют свет, маня его к лицу руками. Иногда церемония сопровождается напевами и бодрой музыкой барабанов и цимбал.

# Проникновение в тайну

*Как человек оставляет изношенные платья
И облачается в новые,
Так и душа в теле оставляет тело
И облачается в новое.
Пусть очи твои вернутся к солнцу, дыхание к ветру, воды в океан, а пепел в землю, откуда они произошли.*

Последняя молитва
в индуистской погребальной церемонии

## СВЯЩЕННЫЕ СИМВОЛЫ

В индуизме используются:

✧ цветы лотоса как символ чистоты

✧ огонь как божественный свет

✧ голубой цвет неба и, соответственно, божественности

✧ четырехсторонний знак, олицетворяющий удачу, приходящую с четырех концов земли (это свастика — знак, обесчещенный нацистами во Второй мировой войне)

✧ слог *Аум* — звук и энергия, создавшие вселенную.

## ПАРАДОКС И НЕПРИВЯЗАННОСТЬ

Бога, вечность, можно обнаружить лишь за пределами ограниченного человеческого сознания и абстрактного мышления. Индуистские мудрецы часто шли путем отрицания, *Via negativa*, для объяснения загадки Бога: «Бог — это не то и не это...» Вечное не зависит от материального мира, который суть иллюзия мимолетных форм и очертаний, *майя*. В этом мире все постоянно меняется, существа рождаются и умирают. Ничто не длится вечно, кроме божественной искры в каждом живом создании — *атмана*, который необходимо освободить, чтобы он воссоединился с океаном Божества.

Йогические упражнения, медитации и аскетические методы используются для

### Пуджа

*Пуджа* — это служение божеству, которое проводится в *мандире* и дома. Если пуджа происходит дома, мать семейства звонит в колокольчик, чтобы пробудить божество, а потом омывает и готовит образ или образы семейного *ишта дэвата*. Ему подносят цветы и благовония, затем немного пищи. Стремление удостоить божество подношением пищи крайне распространено у индуистов, и они делают это даже тогда, когда в доме почти нет еды. Такая еда считается священной, *прасадом*.

Далее божеству читают молитвы — сначала благодарения и восхваления, а потом с просьбами. Молитвы содержатся в индуистских текстах, а при утренней *пудже* читают *Гаятри-мантру*:

*«Да будет мир на небесах; да будет мир на земле. Пусть воды текут мирно, пусть травы и кусты цветут мирно. Пусть все божественные силы дадут нам мир. И да придет к нам этот мир. Аум. Мир, мир, мир».*

Во время вечерней *пуджи* бога на ночь укладывают почивать.

освобождения *атмана* от его привязанности к земным вещам и циклу перерождений, *самсаре*.

*Мокша* может быть безличной, воссоединением с океаном, или личной, с неким подобием рая. Последователи Кришны, например, говорят об обиталище Кришны, *Кришналоке*, и «высшей планете в духовном небе».

## СВЯЩЕННЫЕ ОБРЯДЫ

Жизнь индуиста отмечена ритуалами, которые называются *самскарами*. Всего их четырнадцать. В детстве проводится десять *самскар*, в их числе день, когда дают имя, когда впервые выносят и показывают солнцу и когда впервые стригут волосы. Последняя *самскара* детства — церемония священной нити.

Священную нить носят мальчики 8—11 лет, принадлежащие к трем высшим кастам, или *варнам*. Она состоит из трех прядей хлопка — белой, красной и желтой. Эти три пряди символизируют обязательства:
✧ долг перед Богом за дар жизни
✧ долг перед родителями за рождение
✧ долг перед *гуру* или учителями за науку.

Некоторые видят в этом божественную триаду Брахмы, Вишну и Шивы. А некоторые — напоминание о необходимости управлять своими мыслями, словами и действиями.

Нить носят на левом плече, пропуская ее под правой рукой. На мальчика ее надевает священнослужитель, причем делается это дома. Эта церемония не обязательна, но ношение нити накладывает определенные обязательства, в том числе вегетарианство.

## ДРУГИЕ САМСКАРЫ

Среди других важных событий в жизни индуиста — заключение брака, воспитание детей, работа и уход на покой. Уход на покой дает семье возможность почтить родителей, которые часто живут с сыновьями, отдыхая, изучая религию и совершая паломничества.

*Индуистские праведники совершают паломничество*

### Раннее отречение?

Некоторые молодые люди решают стать *саньяси* — никогда не жениться и не выполнять своих обязанностей, *дхармы*, предписанных другим. Вся их жизнь — это поиск *мокши*. Изредка и женатый мужчина может отречься от всего и оставить жену и детей. Один такой пример — история Будды, а в недавнее время так произошло с А. Ч. Бхактиведантой Свами Прапхупадой. Прапхупада основал МОСК в 1965 г. в Нью-Йорке. Родился он в 1896 г. в Калькутте. Он изучал английский язык, экономику и философию, а затем в 1933 г. стал послушником индуистского гуру Свами Сиддхартхи Госвами. Прапхупада написал блестящий комментарий к Бхагавад-гите и до 1950 г. работал в фармацевтической промышленности. Затем он отрекся от былой жизни, бросив жену и пятерых детей. Он назвал это «уходом на покой от семейной жизни». Под влиянием Госвами он посвятил себя Кришне как Верховному Богу и проповедовал путь Сознания Кришны. Госвами велел ему распространять учение на Западе, и послушный Прапхупада отправился в Нью-Йорк, где почти без гроша в кармане работал с молодыми людьми, многие из которых были наркоманами. В заброшенном нью-йоркском магазине он основал храм. Затем возникли другие центры в США и Европе, а его дело поддержали богатые покровители включая Джорджа Харрисона из «Битлз».

Прапхупада учил, что привязанность к жене и детям сродни «кожному заболеванию»: иными словами, это привязанность плоти и болезнь души. Членам МОСК разрешается жениться и заводить детей, но половая активность строго регламентируется. Секс допускается только для продолжения рода, а мужчинам дозволяется бросать жен, как поступил сам Прапхупада.

На этом *самскары* заканчиваются, но если человек осмелится, есть еще последний, радикальный шаг — решительная подготовка к смерти, на которую соглашаются единицы.

## САНЬЯСИ

Стать *саньяси* означает отказаться от родных, близких и всего имущества. Это слово переводится как «отрекшийся от всего». Такой человек скитается по деревням с миской для подаяний и кувшином для воды. Иногда семья устраивает ему похороны, будто он уже умер — ибо его душа мертва ко всем земным привязанностям. Этот радикальный поступок очищает душу, лечит плохую *карму* и помогает достичь *мокши* после смерти.

В индуизме путь к Богу в конечном счете означает отречение от мира.

# Празднества

*Жизнь вращается подобно колесу, времена года приходят и уходят. Каждый поворот помогает нам вспомнить Бога, нашу веру, и на шаг приблизиться к свету.*

Индуистский брахман из Дели, Индия

## ЛУННЫЙ КАЛЕНДАРЬ

Индуистские праздники отмечаются по лунному календарю, как это было у многих народов древности. То есть даты основных торжеств могут из года в год меняться по сравнению с западным, солнечным календарем. В индуизме огромное количество праздников — возможно, наибольшее среди всех религий. Они посвящены семейной жизни, историям о богах или временам года. В одних частях Индии торжества длятся один день, в других — несколько, а обычаи и истории о богах существенно различаются.

*Рисунки из рисового порошка, сделанные на улице в честь Нового года*

## СЕМЬЯ

Существует два особых праздника. *Бхрати Двитийя* означает «День братьев». Братья и сестры обмениваются подарками, и сестры втирают сандаловый порошок во лбы братьям. При этом они нараспев читают молитву: «Я молю Бога, чтобы он уберег тебя от болезни и случайной смерти. Да будет твоя жизнь полна золотого будущего».

*Ракша Бандхан* — день, когда сестры плетут братьям браслеты из шнурков, переплетенных с цветами. Братья неделю носят браслет на руке и получают сладости. Сестрам дают деньги. Шнурок напоминает историю о боге Индре, которого злой царь Бали изгнал из царства. Вишну дал жене Индры шнурок, который она повязала на запястье, а потом за него притянула своего мужа обратно. Это придало ему сил, и он победил Бали.

*Царевич Рама сражается с царем-демоном Раванной*

## ДИВАЛИ

*Дивали* — это праздник света. Его празднуют в самые темные ночи поздней осенью. В разных местах на *Дивали* проводят отличающиеся обряды и рассказывают непохожие истории, но тема света присутствует всегда. Верующие зажигают огни или лампы, *дивы*, для украшения подоконников. Дивы выставляют и за дверь. Они символизируют благословение и приветствие, победу истины и мира над тьмой. Некоторые вспоминают историю о том, как царевича Раму встречали дома после его победы над злым демоном Раванной. Другие взывают к Лакшми, жене Вишну, богине удачи и процветания.

## ДУСШЕРА

Этот праздник посвящен победе добра над злом. Историю битвы по-разному разыгрывают в индийских деревнях, часто набивая огромное чучело злого Раванны фейерверками и поджигая его. В истории о Раме и Раванне герой ищет свою жену Ситу. Ее похитил царь-демон Шри-Ланки, Раванна. Рама находит царя птиц, умирающего после битвы с Раванной. Тот рассказывает Раме, что Ситу увезли на юг. Царь обезьян посылает Ханумана, бога обезьян, на ее поиски, и тот находит ее. Он приводит Раму в город Раванны на острове Шри-Ланка. Здесь Рама сражается с Раванной и убивает многоголовое чудовище своими стрелами. Когда оно умирает, является Шива и предлагает Раме любые награды за убийство его давнего врага. Рама просит, чтобы все, кто помогал ему и погиб в сражении с Раванной, были возвращены к жизни. Затем Рама и Сита возвращаются домой, где ликованию нет предела.

## НОВЫЙ ГОД

Дата новогоднего торжества может меняться, но обычно его празднуют в марте или апреле. Во многих индуистских семьях делают транспаранты и привязывают к ним всевозможные символы, чтобы приветствовать Новый год.

Отрез новой ткани привязывают к бамбуковому шесту с кастрюлей, сахаром и покрытой листьями веткой. Шест крепят на дверной косяк и украшают свежими цветами. Это символы благодеяний, которыми Бог одарит семью в новом году. В это время перед домом выкладывают узоры *Рангоги* из цветного порошка и риса. В узорах используют индуистские символы приветствия и благословения.

# Сегодня

*Где женщины в почете, там живет Бог.*

Законы Ману

## ИНДИЯ

Несмотря на веротерпимость индуизма, в самой стране вот уже много лет сохраняются трения между религиозными группами. Независимость от Британии в 1947 г. привела к разделению государства на Индию и Пакистан. Пакистан должен был стать родиной мусульман. Но соперничество осталось, и стычки на границе происходят по сей день. Некоторые индуистские экстремисты нападают на мечети, а мусульманские экстремисты уже разрушили несколько храмов, в том числе даже древний храм Шивы. Индуистский экстремизм также усугубляется «западностью» и антиклерикализмом, характерными для многих слоев индийского общества.

## ПОТЕРЯ ТРАДИЦИЙ

Западные влияния разрушают традиции, которые передавались из поколения в поколение. Это происходит в процветающих космополитических районах Индии, где развиваются новые технологии и бизнес. Тем же влияниям подвержены индуистские общины на Западе. Многие индуисты, рожденные в Британии, к примеру, никогда не бывали в Индии. Индуисты начали массово приезжать в Британию в 1950-х гг., когда члены всех государств Содружества призывались на помощь в восстановлении страны после Второй мировой войны. Внуки тех первых поселенцев уже выросли и заметно отдалились от своих корней. Молодежная культура оказывает определенное давление — девочкам хочется отказаться от традиционных нарядов, а маль-

---

### Холи

*Холи* — это весенний праздник, названный в честь злой царевны Холики, сестры царя демонов, которая собиралась заживо сжечь своего племянника. Сын царя демонов Прахлад отказался поклонятся ему и молился только Богу. Прахлад попросил Холику, сидевшую у большого костра, чтобы она взяла его к себе на колени. Обычно Холика была неуязвима для огня, но лишь когда оставалась одна. Если бы она попыталась бросить кого-то в огонь, она бы тоже умерла. Однако она забыла об этом. Прахлад выжил и победил своего отца.

*Холи* празднуется у огромного костра; дети водят вокруг него хороводы, а некоторые даже пытаются прыгать через огонь. В пламя бросают кокосовые орехи — символ жизни.

На таких праздниках рассказывают и другие истории о богах. На *Холи* вспоминают историю о том, как Кришна в детстве подшучивал над мальчишками и девочками из селения. Он разбрасывал повсюду цветные краски. На следующий день после танцев вокруг костра индуисты забрасывают всех подряд цветными красителями. В этом участвуют все — богачи и бедняки, старики и молодежь. Это прекрасная отдушина: работникам позволено нападать на начальников, а детям — швырять красками в учителей. Мадхур Джаффри рассказывает, как они в детстве готовили специальные смеси: «Мы смешивали жир с грязью, илом и пурпурным красителем. Эту смесь мы оставляли для врагов. Для лучших друзей мы делали золотую краску, аккуратно смешивая настоящую позолоту с маслом в маленькой баночке».

чики хотят свободно общаться с девочками. В индуистской традиции браки организуются родителями. Многим парням это не нравится, а девушки ощущают несвободу и давление со стороны старших.

Положительная сторона такой интеграции — смешение стилей и культур в искусстве и музыке. Азиатские ди-джеи добиваются популярности и успеха, смешивая индийские стили с западной музыкой. Индийская музыка уже много лет заметно влияет на произведения западных музыкантов, начиная от «Битлз» и заканчивая современной группой «Кула Шейкер».

*Индуистская кремация*

## КАСТА

Древняя кастовая система сохранилась и по сей день, хотя ее влияние сегодня значительно слабее. Наиболее сильна она в деревнях, где гильдии, *джати*, связаны друг с другом взаимопомощью, но исключают при этом некоторые группы населения. В городах закон запрещает отказывать в приеме на работу на основании кастовой принадлежности. *Далиты*, бывшие неприкасаемые, получают

образование и продвигаются по социальной лестнице. Один президент Индии, К. Р. Нараянан, был *далитом*. Сегодня *далиты* могут свободно посещать храмы, но так было не всегда. Многие *далиты* приняли буддизм и христианство, которые не придают значения кастовым различиям и больше ценят человека и состояние его души.

Однако социальные предрассудки существуют до сих пор, особенно среди высших каст. Это проявляется и в заключении браков, и в общественной жизни. Некоторые отказываются общаться и принимать пищу вместе с членами других каст.

## ЖЕНЩИНЫ

Сегодня все индийское общество сталкиваются с новой проблемой — изменение места женщины в обществе. Матерей почитали всегда, а сестер защищали, но их сфера деятельности ограничивалась домашним хозяйством. До недавнего времени женщин обучали только ремеслам, необходимым в быту. Именно матери чаще всего проводят в доме *пуджу* и обучают детей традициям и обрядам.

Впрочем, не принимать домохозяек всерьез было бы большой ошибкой. Они обладают огромным влиянием в доме, а идеал усердной и верной жены вовсе не подразумевает пассивность или слабоволие. В Махабхарате, например, рассказывается история некой Драупади, которая подверглась насилию и насмешкам со стороны приезжих царей, когда ее муж отправился воевать. Мало того, что все воины погибли на поле брани в наказание, она сразила воина Джаядратху одним ударом! Индуизм учит, что всякий, кто обидит верную и преданную жену, лишится хорошей *кармы*.

Согласно древней традиции, *сати*, «преданная жена», бросалась на погребальный костер усопшего мужа. Индуистские Писания не диктуют ничего подобного. Судя по всему, в прошлом этот акт был добровольным.

Позднее многих женщин принуждали к такому чудовищному шагу. Традицию эту запретил закон 1829 года.

Вдовам до сих пор полагается избегать повторного замужества, зачастую им приходится жить с семьей покойного мужа.

Другие традиции связаны с приданым. Раньше было принято, чтобы родители преподносили своей дочери подарки, таким образом благословляя ее и помогая завести новое хозяйство. Со временем подарки стали дарить мужу и его семье, причем муж мог потребовать непомерного приданого. Хотя закон 1961 г. запретил подобную практику, она все еще довольно распространена, особенно в деревнях.

В Индии правила и одна женщина премьер-министр, Индира Ганди, а сейчас в стране трудятся немало влиятельных, высокообразованных индианок, но традиционные культурные обычаи не исчезли. Женщинам запрещено проводить службу в храмах и участвовать в церемонии священной нити. Хотя заметим, что течение *бхакти* поощряют принятие женщин в послушничество и их участие в молитвах и службах наравне с мужчинами.

> *Индуизм — это живой организм, способный расти и гнить и подверженный законам природы.*
>
> Мохандас Ганди

> *Я хочу быть свободной девушкой в Британии. Я азиатка, у нас свои обычаи, но я же живу здесь, а не в Индии!*
>
> Индуистская бизнес-леди из Великобритании

## ИНДУИЗМ вкратце...

- Когда он возник? Древнейшие свидетельства об индуистских богослужениях относятся примерно к 3500 г. до н. э.
- Основатель. Основателя нет. Индуизм — очень древняя религия, хотя за много веков она претерпела немало изменений.
- Бог. Многие индуисты верят в единого Бога за пределами вселенной. Другие рассматривают разных богов как ипостаси единого Бога, которого называют Брахман. Третьи считают, что только явления Вишну есть ипостаси Бога, а все прочие божественные сущности — ангелы и святые. Некоторые индуисты исповедуют политеизм.
- Фигура искупителя. Искупителя как такового нет, хотя индуисты верят, что Бог (Вишну) много раз принимал обличья людей и животных, чтобы учить людей.
- Писания. В индуизме существует множество Писаний, от Вед и Упанишад до Бхагавад-гиты. Есть также великие эпические произведения, например Рамаяна и Махабхарата, и собрания законов, например Законы Ману.
- Верования. Бог во всем и вне всего. Некоторые считают его личностью, некоторые — безличным. Путь к Богу лежит через добрые деяния, медитацию, отстранение от суеты или преданность. Существует цикл перерождений, *самсара*, и душа перевоплощается много раз, пока не станет достаточно чистой, чтобы достичь Бога.
- Святыня. Индуисты отправляют обряды в домашней молельне. Там они ежедневно проводят *пуджу*. В *мандирах* — храмах — хранятся изображения богов.
- Священная пища. Для индуистов идеалом является вегетарианство, хотя в обязательном порядке оно предписывается только священнослужителям. Индуисты избегают употреблять в пищу говядину, поскольку корова священна. Еда, которую подносят Богу в семейной молельне или в *мандире*, является священной, *прасад*.
- Основные празднества. Индуисты отмечают Дивали, праздник света. На Холи разжигают костер и устраивают уличные игры. Есть также праздники в честь бога Рамы, братьев и сестер.
- Ключевые символы. Слог *Аум* (Ом) воплощает в себе энергию создания вселенной. *Свастика* символизирует удачу, а *тилаки*, глиняные метки на лбу, означают приверженность человека определенному богу.

# Буддизм

*Не думать: «Я есть» — вот свобода.*

Будда, Палийский канон[1]

---

[1]  Здесь и далее цитируется в переводах Т. Елизаренковой, Б. Захарьина, А. Парибка.

## РЕЛИГИЯ ИЛИ ФИЛОСОФИЯ?

Буддизм — своего рода загадка; это религия без Бога, духовно-этический путь. Некоторые последователи предпочитают называть свой путь «жизненной философией» вместо религии. Однако буддизму присущи верования, этические нормы и ритуалы, а кроме того, он не ограничивается повседневной духовностью, пытаясь найти ответы на основные вопросы.

## ПРОБУДИТЕСЬ!

Буддизм — путь к просвещению и пробуждению. Так проповедовал Сиддхартха Гаутама, первый Будда, около 2500 лет назад. Он оставил семью и жизнь в роскошных комнатах дворца, отправившись на поиски истины и внутреннего покоя, и какое-то время жил с индуистскими праведниками. Проникшись всем богатством разнообразных духовных традиций Индии, он стал родоначальником нового учения. Почему-то он отошел от индуистских учений и стал проповедовать новый путь. Буддизм делает акцент на личности, разуме и внутренней жизни человека, которому надлежит стремиться к покою, очищению и добродетели.

Будда (что означает «Просветленный») проповедовал золотую середину между аскетизмом и роскошью, равновесие и устойчивость в жизни.

## БОГА НЕТ?

В буддизме нет божества. Это может шокировать и ошеломить человека с теистическими убеждениями. Агностикам и атеистам это может, напротив, показаться привлекательным и достойным внимания. Будда ставил *дхарму* превыше богов, Путь — превыше теологии и метафизических построений. Было бы несправедливо назвать его атеистом — скорее, он был агностиком. Он избегал говорить о божествах, рассуждал лишь о пути. Он признавал духовную действительность и потребность в трансцендентности: все мы — часть чего-то гораздо большего, всеобъемлющего и загадочного. Некоторые стороны мироздания познать невозможно.

### В двух словах

Буддисты верят в личный путь — способ обрести внутренний покой, уйти от желаний и привязанности к материальному миру. За этим стремлением стоит философия, согласно которой мир есть место страданий, искаженное и полное иллюзий. Человек должен пройти череду реинкарнаций, пока не достигнет просветления и не сможет тем самым вырваться из цикла перерождений.

### Дух

Буддизм — это философия, в которой важнейшее значение имеет Путь; все верования и построения становятся вторичными по сравнению с тем, что по-настоящему ценно для внутренней жизни и личностного развития. Его девиз — «Что действенно?», а не «Что там, наверху?»

### Символ

Колесо иллюстрирует учение о вышеупомянутом цикле перерождения. Оно также обозначает пустоту — ключевое понятие в буддизме. Колесо функционирует лишь благодаря отверстию посередине. Пустоты позволяют предметам существовать. Буддисты стремятся к пустоте, избавляясь от неверных желаний и ложных привязанностей, чтобы достичь душевного спокойствия и высвободить творческий потенциал.

> *Я хотел бы преодолеть разрыв между духовным и земным, между великими вопросами о смысле жизни и, так сказать, утренним завтраком.*
>
> Энтони Гормли, художник, о том, как буддийское мироощущение влияет на его работу
>
> ✳

*Будда медитирует, сидя в позе лотоса*

# Первые шаги

*Придет время, и название этого холма забудется, и люди эти сгинут, а я достигну полной нирваны.*

Будда, Палийский канон

### ЖИЗНЬ СИДДХАРТХИ ГАУТАМЫ

Сиддхартха Гаутама (ок. 563—483 до н. э.) родился в предгорьях Гималаев в местечке Лумбини. Северной Индией (нынче это территория Непала) правило два царя и несколько местных кланов. Шуддходана, отец Сиддхартхи, был вождем клана Шакья. Будду иногда называют «Шакья-муни», «мудрецом из рода Шакья». Сиддхартха вел роскошную жизнь баловня судьбы в столице, городе Капилавасту. Он мастерски освоил стрельбу из лука и верховую езду, мастерски фехтовал, чем вызвал симпатии царевны Яшодхары. Они поженились и родили сына Рахулу.

В позднейших легендах говорится, что Шуддходана испугался, как бы его сын не отрекся от всего имущества вкупе с правом наследовать отцовскую власть. Его опасения были вызваны пророчеством местного праведника Аситы, который видел Сиддхартху в детстве. Асита предсказал, что однажды мальчик станет великим духовным учителем и отречется от богатства. Поэтому Сиддхартху огораживали от внешнего мира с его заботами.

### АСКЕТ

Сиддхартха прожил шесть лет с *садху* и обращался к разным *гуру* за наставлениями. Он вел жизнь строгого аскета, стараясь есть как можно меньше и часами посвящая себя медитациям и йоге. Это привело к истощению, и он исхудал настолько, что его позвоночник проглядывал через живот. Наконец он остановился у берегов реки Найранджаны вместе

## Перемена мнения

Рассказывают, что однажды Сиддхартха отправился кататься на колеснице. В тот день он увидел немощного старика, затем человека, пораженного страшной болезнью, и наконец тело усопшего, которое родственники несли на погребальный костер, *гхат*. Сиддхартха был глубоко поражен, осознав, что все дворцовые сокровища не спасут его от неизбежной старости и смерти.

Возвращаясь назад, он увидел странствующего индуистского праведника, *садху*, отрекшегося от всего имущества. В нем он ощутил безмятежность и покой.

После долгих раздумий Сиддхартха покинул дворец, жену и ребенка и отправился в лес в поисках учителя, *гуру*, чтобы тот наставил его на путь истинный и помог обрести внутренний покой. Он оставил все свои богатые одежды, облачившись в простой халат. Тогда ему было 29 лет.

Сиддхартха избрал путь отречения, что было редкостью для молодого женатого человека. Индуизм высоко ценил (и ценит) чувство долга и священность семейной жизни. Отречение — как правило путь холостяков или стариков.

с еще пятью аскетами-единомышленниками.

Сиддхартха понял, что дальше идти не сможет. Он был на грани смерти, но так и не приблизился к цели. Он спустился к реке и искупался, а затем принял молоко из рук доярки Нандабалы. Его спутники решили, что он возвращается к роскошной жизни, и покинули его.

## ПРОБУЖДЕНИЕ

Разочаровавшись, Сиддхартха присел у подножия дерева на берегу реки в окрестностях Гайи (в современном штате Бихар, Индия). Он намеревался сидеть и медитировать, пока не почувствует истинный зов своего сердца. Так он просидел четыре недели. Согласно буддийским преданиям, в те дни он пережил острое духовное противостояние с искусителем Марой, буквально — «убийцей». Позднее в преданиях говорилось, что мимо летали похотливые девы-искусительницы, а злые демоны пытались напасть на Сиддхартху. В одну из

ночей он постепенно, шаг за шагом, обрел новое ви́дение, и недобрые наваждения рассеялись. Рассвет он встретил Буддой, Просветленным. Он задержался у дерева, сомневаясь, что сможет передать увиденное словами. Просветления может достичь лишь тот, кто это видел. В конце концов он решил, что сможет рассказать о своем переживании другим людям и научить их, как прийти к просветлению.

Согласно позднейшим буддийским Писаниям, ему было явлено все пережитое им в предыдущих жизнях. Он увидел, как миллионы существ рождаются и умира-

### Разновидности буддизма

Самая ранняя форма буддизма распространилась в Индии, Шри-Ланке, Таиланде и других регионах Юго-Восточной Азии. Это течение называется тхеравада, то есть «путь старейшин», и основывается на учениях, которые считаются наиболее древними. Течение махаяна — школа «великой колесницы», которой следуют в таких местах, как Тибет. В ней используются дополнительные понятия, а Будда рассматривается как сверхчеловек, причем существует ряд ранних Будд и поздних Будд, приходящих на помощь человечеству. Это так называемые *бодхисатвы* — люди, достигшие просветления, но решившие остаться во плоти, чтобы распространять учение и помогать людям. В понятии *Бодхисатва* движущей силой является сострадание. Будды — это не Бог и не совсем боги, хотя они крайне близки к ним.

Как и в других религиях, в буддизме есть номинальные последователи и преданные верующие, а в некоторых буддийских культурах проявляются элементы синкретизма. Типичный тому пример — домашние храмы для поклонения предкам, «языческий» обычай, сохранившийся с добуддийских времен.

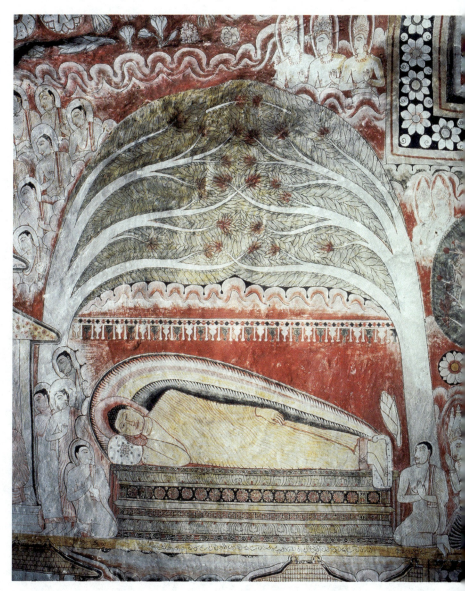

*Изображение спящего Будды*

Тот несравненный остров, где ничем не владеют, где ничего не жаждут, я называю *ниббаной*, разрушением смерти и гибели.

Будда, Сутта Нипата

Изнашиваются даже разукрашенные царские колесницы, также и тело приближается к старости. Но *дхарма* благих не приближается к старости, ибо добродетельные поучают ей добродетельных.

Будда, Палийский канон

Подробно объясненная мною *дхарма*, — зримая здесь и сейчас, вечная, ко всем обращенная, притягательная, уместная, внутренне познаваемая понятливыми.

Будда, Палийский канон

## Нирвана

*Нирвана* (*ниббана* на пали) — это другой вариант цели, буддийский рай. Слово «нирвана» происходит из корня со значением «охлаждаться», «угасать», и пребывание в *нирване* сродни попаданию с солнцепека в тень. Это угасание жара и страстей, расслабление и умиротворение. Западное сленговое выражение «Cool!» («Классно!», буквально: «Прохладно») для обозначения всего хорошего, приятного заимствовано из буддизма битниками 1950-х и начала 1960-х годов.

Будда говорил об угасшем человеке в состоянии *нирваны*, или ставшим *ниббута* в палийских текстах. Человек-*ниббута* отрекся от иллюзии личности. Это называется *килеса ниббана*, отмиранием моральной скверны, или *кханда ниббана*, смертью тела и эмпирической личности. *Ниббута* может оставаться на земле учителем в пример другим, но он или она в любой момент может покинуть Колесо Жизни.

В буддийских текстах *нирвана/ниббана* описывается по-разному. Ее невозможно вообразить, и по сути, она не является местом. Это состояние бытия, некое положение. Это глубинное моральное изменение и очищение, которое характеризуется тремя понятиями: *суннота, апранихита* и *анимита*.

*Суннота* означает «пустота», бесформенный вакуум; *апранихита* означает удовлетворенность без желаний (бесцельность); *анимита* означает отсутствие символов, непонятийность — *нирвану/ниббану* представить себе невозможно.

В *нирване/ниббане* есть и трансцендентное измерение. Это не сразу заметно по текстам, поскольку буддизм отличается крайней «приземленностью» и практичностью, однако же это так. Такое состояние называется «потусторонним», *пранамам*. Согласно учению, достигшие его чрезмерно угасают — *абхиниббута*.

ют подобно огромному колесу. Затем он увидел, как можно остановить колесо, как покончить с тягой к мимолетному и теми страданиями, что порождает подобная тяга.

Он увидел, что разум не вечен, но постоянно меняется, будучи частью великого целого. Все на свете — следствие причин и перемен, включая «я» в нашем сознании. Священный фикус в те времена назывался деревом Бодхи. Его название — однокоренное со словом «просветление» или «пробуждение». Иногда его сокращенно называют «дерево Бо».

### ПУТЬ

Гаутаму Будду часто называют просто «Будда», поскольку буддисты считают его первым, но он не уникален в их глазах. Всякий может стать Буддой, если будет идти по верному духовному пути. В каждом есть некая искра, способность, умение достичь этих высот.

## Цель

*Как прохладная вода снимает лихорадочный жар, так и нирвана избавляет от тяги к чувственным наслаждениям, тяги к новому становлению. Она прекращает становление.*

Будда, Палийский канон

### ДХАРМА

В буддизме нет Бога. В ранних буддийских текстах упоминается множество богов, вроде злого бога Мары и некоторых божеств, упомянутых в Ведах. Отношение к ним двойственное: можно предположить, что для ранних буддистов они были частью небесного, мифологического пейзажа, но никак не действующими силами. Будда учил *дхарме* (на санскрите) или *дхамме* (на пали).

Разные исследователи по-разному толкуют значение этого термина, но по сути своей это то, что связывает все воедино, единственное самодостаточное явление. Это «Путь», «Закон», «Учение», «Истина» и «Жизненная Сила». *Дхарма* сродни Логосу (Слову) в древнегреческой философии и раннем христианстве, «причина», на которой зиждется все бытие. Между прочим, азиатские христиане переводят «Слово» из библейского Евангелия от Иоанна как *дхарма*. Полное единение с *дхармой*, жизнь в ее потоке — один из вариантов буддийской цели.

## АНАТМАН

Будда учил, что в человеке нет перманентной личности или постоянной бессмертной души. Личность — это порождение многих влияний и сил, она находится в постоянном движении; она безгранична, и только *дхарма* или состояние *нирваны* вечны. *Анатман* означает «без души» в противоположность индуистскому учению о божественной искре, *атмане*, в каждом живом существе. Однако существует сознание — нечто таинственное и драгоценное, развившееся лишь у людей, и это средоточие душевных сил может перерождаться снова и снова, пока не очистится.

Личность разделяется на пять «куч», *кхандх*, включающих физическое тело, чувства, восприятие, желание (волю) и сознание. Вместе они образуют иллюзию продолжительной реальности, но их можно разделить.

## ТО ЖЕ САМОЕ, ЧТО «БОГ»?

Некоторые полагают, что буддийские учения говорят о неком подобии того, что другие верующие называют «Богом», но с безличной точки зрения. Будда действительно учил, что когда-то существовало нечто вечное, неизменное и бесформенное. Буддизм склонен рассматривать понятие Бога как некую силу или человека, стоящего выше личности, — подобно огромному Эго, которое повелевает маленьким эго. Это тирания, а буддизм велит человеку полагаться лишь на себя. Истина внутри, а не свыше. Молиться некому (буддисты не молятся Будде). Согласно буддизму, у каждого из нас есть истинное «я», которое представляется в виде жемчужины, скрытой наслоениями ложных чувств и решений, иллюзорными желаниями и самолюбием. Цель — установить связь с внутренней жемчужиной и стремиться к ее очищению.

Несомненно, некоторые разновидности веры в Бога или богов деструктивны и инфантильны, основаны на страхе и подчинении.

Конечно, было бы глупо отрицать весь теизм как таковой, и существует возвышенное, непонятийное духовное учение о реальности Бога и отношениях души с Богом, которое не так уж и далеко от буддийских убеждений. Здесь найдется место для диалога. В конце концов, буддисты признают, что эго не является постоянным и верховенствующим; они должны открываться навстречу *дхарме*, существовавшей до них. Теисты знают, что они не одиноки и должны открыться навстречу реальности Бога. Когда я спрашиваю буддиста: «Разве не может быть Бога на Пути и в конце Пути?», то обычно слышу в ответ: «К чему пустые вопросы? Надо просто следовать Пути!» Будда отвергал метафизику как отвлечение от истинного пути. Он рассказывал притчу о человеке, которого ранили стрелой. Когда ему пришли на помощь, он не спросил: «Кто поступил так со мной?», а вскричал: «Вытащите ее скорее!»

## Учители Пути

*Что проку в колодце, если вода повсюду? Когда вырван корень желания, что искать человеку?*

Будда, Палийский канон

### БУДДА

Будда считал себя не уникальным человеком, но лишь образцом для других. Что нашел он, смогут найти и другие. Рассказывают такую историю о подношениях. Будда проповедовал перед брахманским священнослужителем и говорил о человеке-*ниббута*, в котором угасли все вредные желания. Такой человек, учил Будда, достоин подношений. Брахман в знак уважения предложил Будде священный пирог, но тот отказался. Брахман расстроился и смутился. Он снова спросил,

кто же достоин подношений. Будда снова рассказал о *ниббуте*. «Но кто же это, как не ты, о Будда, достойнейший всех подношений мира?!» А дело в том, что Будда, говоря о человеке-*ниббута*, имел в виду не конкретную личность, а лишь образец, идеал. Другие могут запросто следовать за ним. Недавно вышла книга о буддизме под заголовком «Если встретишь по дороге Будду, убей Будду» — в том смысле, что Будда лишь помогает достичь целостности, он не является Богом. Истина заключена в каждом человеке.

### ДРУГИЕ БУДДЫ

В махаяне звание «Будды» присваивается и другим учителям, вроде Будды Амиды, основателя течения Чистых Земель, или *бодхисатв*, просветленных личностей, которые решили вернуться на землю и помогать другим людям. Еще один пример — Авалокитешвара, Будда Сострадания. Его земным воплощением считают Будду Шакья-муни. Будду Сострадания изображают либо спускающимся по горе, либо медитирующим — он сидит, выставив множество рук в разные стороны, чтобы собрать силу. Некоторые последователи махаяны ожидают пришествия последнего Будды Майтреи, «Любящего».

### ПИСАНИЯ

Первые буддийские Писания появились на свет через несколько сотен лет после смерти Будды. До этого существовали лишь устные предания. Первые тексты были написаны на переплетенных пальмовых листьях, придавленных сверху доской. Еще и сегодня некоторые Писания изготавливаются все тем же способом, снабжаются прекрасными иллюстрациями и заворачиваются в ткань для сохранности.

Печатаются Писания и в виде современных книг. Первые книги были написаны на пали и собраны в I в. н. э. Они называются *Трипитака*, «Три корзины», и более известны как Палийский канон. В них входят три разных собрания:

✧ *Виная-питака* — правила для монахов и монахинь

✧ *Сутта-питака* — пять сводов учений Будды

✧ *Абхидхамма-питака* — буддийские философские тексты.

Буддисты считают наиболее важной Сутта-питаку, поскольку она излагает слова самого Будды. В ней центральным текстом является *Дхаммапада*, «Путь Учения». В Сутта-питаке есть любопытное собрание рассказов, так называемых «джатак». Они представляют собой, как принято сейчас выражаться, «приквел», повествуя о предыдущих жизнях Будды в человеческих и животных обличьях. В одной джатаке Царь Обезьян увел свой народ от опасности — он лег поперек горной расселины, и обезьяны прошли по нему, как по мосту. От напряжения у него сломался хребет, и он разбился насмерть. Но его самоотверженность не была забыта.

У последователей махаяны есть дополнительные Писания, *Сутры*, которые считаются устными наставлениями Будды, более потаенными, чем те, что сохранились у людей. Тибетские буддисты разучивают Писания в парах, устраивая дебаты. Один произносит утверждение, а второй оспаривает его. Так проверяются знания обоих.

Некоторые буддисты до сих пор полагаются в основном на устные предания — например, у дзен-буддистов ритуалы и предания передаются от учителя к ученику. Эта форма буддизма возникла в VI в. н. э., когда миссионеры из Китая пришли в Индию. Прижилась она и в Японии.

## САНГХА

*Сангха* значит «община». Так называется вся буддийская община, и буддисты считают, что для следования *дхарме* им необходимы другие буддисты. Изначально к *сангхе* причислялись только монахи и монахини. Когда Будда начинал проповедовать, его последователи в прохладное и сухое время года странствовали и распространяли учение, а в сезон дождей собирались в местах отдыха, которые назывались *вихарами*.

*Верующие чествуют буддийских монахов подношением пищи*

Так же поступали индуистские *садху*, которые в плохую погоду собирались вместе, чтобы поддержать друг друга. Постепенно *вихары* стали постоянными обиталищами; монахи стали жить в них круглый год и составили письменные уставы.

Буддийские монахи называются *бхикшу*; они исповедуют отречение и могут владеть только желто-оранжевым одеянием и деревянной миской. Они получают подношения от прохожих и живут только благодаря им. Это учит их зависимости от других и смирению. Позднее женщин стали также посвящать в сан, они называются *бхикшуни* и живут отдельными общинами. Будда придерживался довольно революционного подхода в выборе *бхикшу*, поскольку не признавал индийской кастовой системы с четырьмя классами общества — священнослужителями, воинами, торговцами и рабочими. Монахом мог стать член любой касты, что было не меньшим вызовом традиционной дискриминации, чем равноправие женщин в исполнении *дхармы*.

В буддийских странах некоторые молодые парни и девушки становятся *бхикшу* на время или в процессе подготовки к взрослой жизни.

## Сокровищница сердца

*Ибо никогда в этом мире ненависть не прекращается ненавистью, но отсутствием ненависти прекращается она. Вот извечный закон.*

Будда, Дхаммапада 1, 5

### ЧЕТЫРЕ БЛАГОРОДНЫЕ ИСТИНЫ

Первая проповедь Будды состоялась в Сарнатхе, близ Варанаси. Ее называют «Огненной Проповедью», ибо он провозгласил, что весь мир объят пламенем желаний и страстей. Он выдвинул Четыре благородные истины, напоминающие своеобраз-

### Благородный путь восьми принципов

Будда учил восьми принципам, которые должны направлять человека на Срединном Пути:

1. Правильное понимание — понимать Четыре благородные истины.
2. Правильная решимость — быть преданным Пути.
3. Правильная речь — всегда говорить правду и быть точным.
4. Правильные поступки — быть добрым ко всему живому и ясно мыслить.
5. Правильный образ жизни — зарабатывать на жизнь этично.
6. Правильное усилие — избегать вредных мыслей.
7. Правильная осознанность — жить в действительности и осознавать людей вокруг себя.
8. Правильное сосредоточение — учить разум быть свободным от ненависти и алчности.

Эти принципы рассматриваются как последовательные шаги. Первые два велят буддистам серьезно относиться к учению; следующие три — направляют действия; последние три — направляют разум.

ный медицинский осмотр — с постановкой диагноза и выпиской рецепта:

**1.** *Дукха* (страдание) — вся жизнь состоит из страданий.

**2.** Желание — причина *дукхи* заключается в желаниях, ложных привязанностях.

**3.** Прекращение — чтобы исцелить *дукху*, надо перестать хотеть ложного.

**4.** Срединный Путь — Будда познал роскошь и аскетизм. Ни то ни другое не принесло ему счастья, поэтому он учил Срединному Пути, способу избежать крайностей.

## ТРИ УНИВЕРСАЛЬНЫЕ ИСТИНЫ

**1.** *Аникка.* Будда говорил об изменчивости. Все постоянно меняется и является взаимосвязанным. Бытие общественно, а не индивидуально. Движение крыльев бабочки на Востоке связано с бурей на Западе. От крошечного атома до крупнейших галактик — все сущее взаимозависимо. Жизнь зависит от определенных условий, вроде солнечного света и воды. Стоит их исключить — и жизнь прекратится. Начинают действовать различные силы, возникают некие явления; жизнь существует либо исчезает.

**2.** *Анатта.* Будда учил, что не существует постоянного «я». Наше сознание реально, но оно постоянно меняется и связано со всем живым. Четких границ нет.

**3.** *Дукха.* Будда говорил о страдании. Желания возникают из-за неуверенности и неудовлетворенности. Мы стремимся к большему, а жизнь не может сделать человека по-настоящему счастливым.

## ПУТЬ КАК ПРИНЦИП

Путь восьми принципов — это не верование, а нравственный ориентир. У буддистов практически нет верований как таковых. Им незачем верить в действенность Пути — достаточно избрать его и идти вперед. Они могут видеть своей целью *нирвану,* хотя никому не дано испытать ее раньше времени, но им достаточно идти по пути *дхармы* и ощущать его преимущества на себе. Будда учил, что все сущее обусловлено внешними факторами. Семя сажают в землю и поливают, светит солнце — и семя всходит. При верных условиях, верных ориентирах и учениях люди тоже будут расти и духовно, и морально.

## КОЛЕСО ЖИЗНИ

Буддисты верят, в частности, в круг перерождений — *самсару.* Мир считается иллюзией (*майей*), ибо он является преходящим; как и в индуизме, действия человека порождают *карму,* которая влияет на дальнейшие перерождения. Пять чувств воспринимают окружающий мир, и человек сливается с ними воедино — желание превращается в действие. В результате возникает *карма.* Хотя вечной души нет, сознание перерождается снова и снова; при этом оно растет и изменяется. Освобождение приходит с просветлением и достижением угасшего состояния *нирваны.*

В представлении буддистов Колесо Жизни состоит из многих уровней действительности и окружающих ее переменчивых состояний, а бог смерти мертвой хваткой держит Колесо. Над ним изображается Будда, который указывает путь, и заяц, прыгающий на луну — символ просветления.

### Правильная осознанность

У буддистов существуют медитативные упражнения для успокоения и сосредоточивания. Одно из них помогает им ощутить ценность настоящего момента. Человек сидит в тишине и покое, равномерно дыша. Затем он представляет себя на солнечном песчаном пляже. Он делает шаг вперед и ощущает мягкий теплый песок под ногами. Он идет дальше, шаг за шагом оставляя все тревоги позади и с каждым шагом погружаясь все глубже в настоящее.

Бдительность есть путь бессмертия. Небдительность есть путь смерти. Бдительные никогда не умирают; небдительные уже мертвы.

*Будда, Палийский канон*

Есть мир нерожденный, неставший, несозданный, несложенный, а не будь его, не было бы избавления от мира рожденного, ставшего, созданного, сложенного.

*Будда, Палийский канон*

Буддийские учения помогают мне сосредоточиться, очистить сознание от мусора и успокоить свои эмоции. Это учения мудрости.

*Буддийская монашка из Шри-Ланки*

∗

*Колесо перерождений*

# Дороги к миру

*Деяния, совершенные в согласии с жизненным путем, приносят человеку ясность, мир и согласие.*

Будда, Палийский канон

### САМАТХА

*Саматха* — основной уровень медитации для буддиста. Он включает упражнения для тела, дыхания и сосредоточения мыслей. В позе лотоса спина ровная, ноги перекрещены, а руки лежат между ног, слегка соприкасаясь. Дыхательные упражнения разнообразны, но все они преследуют одну цель — слегка замедлить дыхание и создать его ровный ритм. Далее следует попытка сосредоточиться, для чего, например, дыхание направляется к кончику носа.

Или человек прислушивается к отдаленным звукам, а потом переключается на звуки поблизости. Таким образом следует переключиться несколько раз, пока не ощутишь собственное сердцебиение. Затем происходит простая визуализация. Человек может представить себе умиротворенное место или предмет либо вызвать в сознании какое-нибудь понятие — например, «покой».

Так человек сосредоточивается и успокаивается. Буддисты утверждают, что, достигнув высот в медитации и уделив ей достаточно времени, они начинают испытывать приятные ощущения, вроде чувства радости, которое вскипает подобно пузырькам на поверхности воды, или иллюзии погружения в белый свет. Это способ расслабиться и разгрузить свое «я».

*Тихое озеро передает состояние внутреннего мира и спокойствия*

## СОСТРАДАНИЕ

Один из способов медитации — представить себе любимых и важных для тебя людей. Затем следует вспомнить людей, тобой нелюбимых или для тебя опасных. Медитирующий пытается представить себе, как они меняются и как его чувства к ним превращаются в сострадание, или *метту*. По мере того как он погружается глубже, чувства *метты* распространяются все дальше. Это помогает пробудить сознание, чтобы лучше справляться с недружественными людьми. Один из ключевых моментов буддийского Пути — воспринимать все по-другому, изменять свой образ мышления. Это делается для того, чтобы достичь просветления посредством медитации, *самадхи*.

## *ВИПАССАНА*

*Випассана* — означает «ви́дение-как-есть», и этот вид медитации гораздо сложнее *саматхи*. Его рекомендуют только опытным в медитации людям и только под руководством учителя. Учитель направляет и советует, как врач, выписывающий рецепты. Более того, считается, что этот уровень медитации представляет определенную опасность для непосвященного. Медитирующий должен представить себе какой-либо предмет и прочувствовать перемены, которым он может быть подвержен. К примеру, можно вообразить цветок и сосредоточиться на его постепенном увядании. Или можно представить себе картину умирания, вспомнив о быстротечности нашей жизни. Это «пробуждает» человека, напоминая ему о его ограниченности и смертности. Люди — лишь часть бесконечного большего целого. Это помогает буддистам увидеть свои проблемы в другом свете, под другим углом.

## МОЗГОВЫЕ ВОЛНЫ

Бодрствующее сознание состоит из бета-волн. Сон порождает альфа-волны, а глу-

### Мантры и мандалы

В некоторых ответвлениях буддизма, особенно в тибетской и японской махаяне, используются *мантры* — фразы, которые монотонно повторяются снова и снова. Эти фразы бывают на пали и санскрите. Наиболее известная из них — *ом мани падме хум*, то есть «драгоценность лотоса».

*Мантры* учат правильному сосредоточению; считается, что священные фразы порождают колебания, открывающие новые уровни сознания. Такую энергию порождает и перелистывание священных книг, а также движение тибетских молитвенных колес, покрытых *мантрами*.

Тибетские монахи выкладывают *мандалы* из разноцветного песка. *Мандала* имеет четыре точки, которые уравновешивают друг друга и олицетворяют различные грани сознания и эмоций. Узоры делают из песка, чтобы они не сохранялись надолго. Сосредоточение разума, необходимое для их создания, и почтение к ним уравновешиваются их мимолетностью, ведь их сдувает ветром. Это прекрасное занятие, отлично воплощающее буддийские принципы.

В дзен-буддизме для этого используются и другие ритуалы, вроде чайной церемонии и составления цветочных композиций.

бокий сон — дельта-волны. Видимо, психическое состояние человека в медитации напоминает ранние стадии сна, когда мозг генерирует альфа-волны. В сонном состоянии нам легко воображать, в голову сами собой приходят красочные образы. Такое состояние бывает крайне плодотворным.

## ПЯТЬ ПРИНЦИПОВ

Цель медитации — помочь буддисту успокоить разум и следовать *дхарме*.

Пять принципов — это набор простых правил поведения.

**1.** Я воздержусь от убийства.

**2.** Я воздержусь от присвоения чужой собственности.

**3.** Я воздержусь от чувственных страстей.

**4.** Я воздержусь от лжи.

**5.** Я воздержусь от хмельного питья.

# Изумление и благоговение

*Он обливает, заливает, переполняет, пропитывает это тело радостью и счастьем, рожденным уединенностью.*

Будда, Палийский канон

### ПРИБЕЖИЩЕ

Буддисты употребляют выражение «найти прибежище» в значении «отправиться в безопасное место» и «принадлежать буддийской общине». Эта безопасность выражается так называемыми Тремя драгоценностями:

*Я ищу прибежища у Будды.*
*Я ищу прибежища у дхармы.*
*Я ищу прибежища у Сангхи.*

Буддист может трижды поклониться и произнести Три драгоценности перед входом в храм. Он может сделать три подношения — свечу, цветок и благовоние. Свеча символизирует просветление; цветок — красоту и неизбежность увядания; благовоние — аромат добродетели.

### ХРАМЫ И *ВИХАРЫ*

Место поклонения может располагаться в углу комнаты в частном доме, в зале, *вихаре*, или рядом с монастырем. Место поклонения в *вихаре* обязательно имеет:

◇ изображение Будды;

◇ миски для подношений — обычно семь мисок с водой перед образом как символ радушного приема. Эти миски подаются Будде, так же, как гостю подается стакан воды;

◇ цветы, свечи и благовония;

◇ колокольчик или гонг, чтобы оповещать верующих о начале песнопений или медитации;

◇ иногда красочные вышитые изображения Будды и *Бодхисатв* на стенах.

Буддийская служба называется *пуджа*, как в индуизме. Буддист трижды простирается перед образом и подносит традиционные дары. Образу как таковому не поклоняются; человек кланяется представленному в образе Будде, но сам образ чествуется, как если бы Будда обитал в нем. Распростертое положение напоминает верующему, что он всецело зависит от Будды и *дхармы*. Не забывайте: Будда — не бог; почести адресованы его просвещенности и учениям, а не ему самому. Затем верующие читают или нараспев произносят Писания или *мантры*.

Комната для поклонения в доме устроена гораздо проще — лишь простой образ и палочки благовоний. Как правило, буддист кланяется и приветственно складывает руки при входе в эту комнату.

Не существует жестко установленных правил, регламентирующих частоту посещения храма и проведения *пуджи*. Некоторые делают это только по праздникам, а некоторые регулярно. *Пуджу* можно проводить дома, а медитировать буддист может в любом месте.

### *СТУПЫ*

*Ступы* — это особые памятники, содержащие останки Будды. Он умер от отравления ядовитыми грибами и был кремирован. Его прах приверженцы увезли в разные места, где и построили *ступы*. В знаменитой *ступе* в Канди хранятся зубы Будды. Эти памятники называются *ступами* в Индии и *дагобами* в Шри-Ланке; они представляют собой приземистые куполообразные здания. *Ступы* часто расположены на территории *вихар*, и паломники обходят их по кругу в знак уважения. Такое место для поклонения носит название *ват* в Таиланде, *пагода* в Бирме и *чортен* в Тибете.

На территории *ступы* обычно имеются также небольшие храмы. В разных странах они устроены по-разному. В Таиланде, например, они имеют форму колокола и богатое убранство.

## ОБРАЗЫ БУДДЫ

Образы Будды отличаются неизменным символизмом. Из его головы вырывается пламя или выдается шишка (дополнительный мозг), что говорит о его просветлении и мудрости. У него длинные мочки, что было характерно для праведников того времени. Если Будду изображают во время проповеди, то его руки рисуют строго определенным образом, чтобы отображать медитацию или бесстрашие, спокойствие или щедрость. В храмах могут присутствовать изображения *бодхисатв*, среди которых встречаются и женщины — например, Манджугоша, которая держит пылающий меч мудрости, рассекающий невежество, или Тара, сходящая с лотосного трона.

Тибетский буддизм отличается красочным калейдоскопом экзотических образов, которые могут показаться пугающими или странными человеку непосвященному. Некоторые картины изображают Будду с чудовищным лицом, окруженного черепами, с мечом в руке. Это символизирует его чувство гнева, которое становится поистине разрушительным, если его не направить в нужное русло, но может быть обращено в положительную энергию для борьбы с несправедливостью и невежеством. Другое изображение еще более неожиданно, поскольку носит сексуальный характер. Образ *Яб-Юм* символизирует материнско-отцовские отношения. Он кажется эротичным, даже порнографическим по западным меркам, но на самом деле является символом двух взаимодополняющих сил, объединенных гармонией, и олицетворяет единение мудрости и сострадания.

*Буддийская ступа, в которой хранятся останки Будды*

### ВАДЖРА

Иногда тибетские буддисты носят символ,
который называется *ваджра*. (В индуизме
этот рисунок может одновременно симво-
лизировать алмаз и вспышку молнии.) Тибетские буддисты иногда носят в левой
руке колокольчик, символ мудрости, а в правой — *ваджру*, символ мастерства и сострадания.

### МАЛА

Буддисты Тибета и Непала используют
молельные четки, которые называются
*мала*. Они могут состоять из 108, 54 или
27 бусин. Их используют, чтобы считать
количество поклонов перед образом Будды, и над каждой бусиной произносят
*мантру* или одно из имен Будды. Иногда
три бусины больше других, что символизирует Три драгоценности — Будду, *дхарму*
и *Сангху*.

## Проникновение в тайну

*Один день жизни видевшего начало и ко-
нец лучше столетнего существования
того, кто не видит начала и конца.*

Будда, Палийский канон

### ЦВЕТОК ЛОТОСА

Цветок лотоса — один из основных буддийских символов, потому что он прекрасен
и растет из болота. Он символизирует просветление, приходящее к сознанию, замут-
ненному страстями и желаниями. Поэтому
положение для медитации называется позой
лотоса, а во время службы буддист может
сложить руки, изображая цветок лотоса.

### ПУСТЫЕ МЕСТА

Французский философ Ролан Барт (1915—
1980) написал в 1950-х гг. ряд статей
о современных символах спорта, моды

*Цветок лотоса раскрывается
навстречу свету — это
символ просветления*

и потребления, которые вошли в книгу «Мифологии».

Его восхитил вид Эйфелевой башни, возвышающейся над парижским пейзажем. Она состояла в основном из пустых пространств, из открытого воздуха, рассеченного стальными балками. Он написал: «Ее форма пуста, но реальна, ее значение полно в своем отсутствии».

Отрицательные пространства — неотъемлемая часть живописи, фотографии и нашего восприятия действительности. Они обрамляют содержание. Само их отсутствие позволяет чему-то присутствовать, обретать форму и значение в наших глазах. Буддизм использует аналогичным образом понятие пустоты.

Пустота — это освобождение; пустота — это недискурсивное рассуждение; пустота — это смирение; пустота — это терпение и ожидание. Сознание, освобожденное от вредных мыслей, порождает не бессодержательность, но чистое место, на котором могут возникнуть творчество и сострадание.

Пустота также раскрывает перед нами реальность непостоянности. Человеческое «я» — это сочетание пяти куч, или *кхандх*, образующих иллюзорное целое; эго — поток сознания, лишенный неподвижной точки. Даже атомы, на которые можно разложить человека, постоянно движутся, будучи непостоянными и переменчивыми.

Буддизм более всех других религий построен на философии. В нем мало верований, но много понятий. Буддизм любит поддразнивать. Рассказывают, что, когда буддизм впервые достиг Китая в I в. н. э., император спросил *бхикшу*:

*«В чем первый принцип буддизма?»*
*Последовал ответ: «Бескрайняя пустота».*
*Император спросил: «Так с кем же я говорю?»*
*«Понятия не имею», — ответил бхикшу.*

## Коан и хайку

### Коан

В дзен-буддизме используются дразнящие фразы для раскрытия сознания. Учитель дзен дает ученику какой-нибудь *коан* для медитаций. Например, известный вопрос: «Как звучит хлопок одной ладони?» Другой пример: один ученик спросил, обладает ли собака природой Будды. Учитель ответил: «Му!» (что значит «Нет!»), но пролаял это слово, как собака.

Или: гусь попал в бутылку. Его невозможно достать, не разбив стекло. Что делать? Учитель поднялся на ноги, хлопнул в ладоши и сказал: «Вот! Он свободен!»

Еще один пример: один учитель дзен прогуливался с учеником. Тот увидел на горизонте деревья. «Смотрите, Учитель! — сказал ученик. — Из них выйдут прекрасные дрова!»

Учитель посмотрел и тихо ответил: «Я вижу лишь прекрасные деревья».

*Коаны* — это способ вообразить невозможное, решиться на инакомыслие, оригинальность и неповторимость.

### Хайку

В дзен-буддизме также используются простые стихи для обострения ума. *Хайку* — это трехстрочные стихи, посвященные чувствам или природе. Восприятие красоты природы необходимо для правильного отношения буддиста к окружающему миру и воспитания в нем сострадания. Вот пример *хайку*:

*Лягушка под кувшинкой,*
*И блики солнца,*
*Круги на водной глади — ее нет.*

Понятие Пустоты обозначает вакуум, позволяющий вселенной существовать. Это загадка, не-знание.

## ПЛАМЯ СВЕЧИ

Буддисты верят в загадку перерождения. Сознание продолжает жить в следующей жизни, подобно тому, как одну свечу можно зажечь от пламени другой. Первая гаснет, но вторая продолжает гореть. Некоторые формы буддизма учат, что вероятность перерождения в человека крайне мала. При этом рассказывают такую притчу. Представьте себе слепую черепаху, которая плавает в океане и выныривает на поверхность раз в сто лет. Где-то на поверхности воды плавает золотое кольцо. Какова вероятность того, что черепаха попадет головой прямо в кольцо?

Эта безрадостная картина подчеркивает ценность человеческой жизни.

## ДАЛАЙ-ЛАМА

У тибетских буддистов возникло поверье, согласно которому наследник Далай-ламы, их духовного наставника, может быть выбран с помощью ряда испытаний. Таким образом выбирают мальчика, в которого переродился усопший Далай-лама — кандидат, в частности, должен опознать вещи Далай-ламы. Это необычно для буддизма, поскольку большинство людей не помнят

*Далай-лама*

своих предыдущих жизней. Лишь продвинутые Учители, обладающие опытом истинной медитации, способны на такие прозрения. Этот обычай, именуемый *тулку*, был неизвестен до XII в. н. э. и возник как следствие династических распрей. Нынешний Далай-лама рекомендовал вернуться к избирательной системе после его смерти, и сам утверждает, что некоторые из испытаний он прошел лишь благодаря счастливой случайности!

## Празднества

### РЕДКИЕ ПРАЗДНИКИ

Буддизм не может похвастаться большим количеством праздников. Не существует никаких правил торжеств. Будда учил людей не доверять религиозным церемониям, но следовать внутреннему пути *дхармы*. Празднование — это повод делиться и радоваться, трудиться вместе и больше узнавать о Будде. В честь Гаутамы отмечается только один значительный праздник. Возможно, дело в том, что для Будды было важно следовать пути и не оборачиваться назад.

### ВЕСАК

*Весак* — это праздник в честь рождения Будды. Это самый важный буддийский праздник, он отмечается в майское полнолуние. Торжества посвящены рождению Будды, но в этот день также вспоминают о его просветлении и смерти. Местные обряды разнятся, но чаще всего верующие устраивают красочные шествия и украшают храмы. В домах зажигают множе-

## Рождение Будды

Существует множество легенд о детстве Будды, записанных спустя сотни лет после его смерти. В одной истории о его рождении говорится, что его матери Майе приснилось, будто в ее утробу вошел белый слон. Через десять месяцев в майское полнолуние она родила ребенка, и земля содрогнулась. Майя умерла через несколько месяцев; согласно учению, у родившей Будду больше в жизни не может быть цели. Сиддхартху воспитала тетя. Обратите внимание на упоминание о полнолунии — вот почему рождение Будды празднуется на *Весак*.

ство свечей. Свеча — символ просветления, истинности *дхармы*.

## МАСЛО И ПЕСОК

Тибетские буддисты отмечают праздники яркими плясками. Они наряжаются в костюмы и трубят в ритуальные рога. Потрясающая черта тибетских торжеств — создание недолговечных рисунков из масла или цветного песка. Их выкладывают с необычайным почтением и тщанием, хотя все знают, что рисунки быстро растают или будут разнесены ветром. Такие рисунки учат, что жизнь переменчива и непостоянна.

## НОВЫЙ ГОД

В некоторых буддийских странах отмечают Новый год. В разных регионах его празднуют в разное время. В Таиланде, например, Новый год отмечается в апреле и называется Сонгкран. Главный символ этого дня — вода. Вода олицетворяет жизнь и очищение, и люди радостно брызгаются водой в праздничной обстановке. Изображения Будды подвергают ритуальному омовению. Один обычай призван сохранить и утвердить жизнь, а также прибавить буддисту хорошей *кармы*: люди спасают рыб и угрей из пересохших водоемов и выпускают их в реки. Таким образом они проявляют сострадание к живым существам и совершают доброе деяние. Некоторые выпускают из клеток птиц.

## ПОЛНОЛУНИЕ

Во многих буддийских странах полнолуние отмечают каждый месяц. Свет луны в ночном небе — символ просветления. Как луна разгоняет мрак, так и человек, осознавший в себе природу Будды и *дхарму*, изгоняет тьму из своего сознания. Луна сама по себе является одним из символов Просветления в буддизме. Праздничные дни, связанные с луной, называются *Упосатха*; в эти дни можно надевать новую одежду.

## УЧЕНИЕ *ДХАРМЫ*

Многие буддисты также празднуют время, когда Будда впервые начал учить *дхарме* в Сарнатхе, прочитав Огненную проповедь и раскрыв Четыре благородные истины.

## ДРУГИЕ ПРАЗДНИКИ

Иногда устраивают праздники в честь знаменитых учителей, *бодхисатв* и мудрецов — таких, как Падмасамбхава, первый *бхикшу*, принесший буддизм в Тибет.

Этой лампой, что сияет твердой силой, уничтожая тьму, я делаю подношение истинно просветленной лампе мира, рассеивающей тьму…

*Молитва на* Весак

Брызгаться водой на Новый год — это здорово. Мы стараемся облить как можно больше людей, особенно взрослых и учителей!

*Юный буддист из Таиланда*

\*

*Буддийские монахи выкладывают мандалу из цветного песка*

### КАТХИНА

Первые буддийские *бхикшу* собирались вместе и учились во время сезона дождей, когда странствовать было трудно. Обычай *бхикшу* удаляться осенью сохранился и по сей день, и буддисты приносят им дары. *Бхикшу* сидят рядами и протягивают перед собой миски для подаяний. Это называется *Катхина*.

## Сегодня

*Конец навеки сокрыт от нас.*

Будда, Палийский канон

### ЗАПАДНАЯ ФИЛОСОФИЯ ОБРАЩАЕТСЯ К ВОСТОКУ

Связь буддизма с восточной философией и учение о постоянных переменах и мимолетности прекрасно вписываются в западную концепцию постмодернизма. Постмодернизм, возникший после Второй мировой войны, в первую очередь во Франции, тоже склонен к игривости и поддразниванию. Сила воображения и чувств играют не меньшую роль, чем рассуждения и дискуссии.

Поэзия и абстрактное искусство могут говорить о возвышенном, о глубинах, недоступных разуму.

Постмодернизм подчеркивает ограниченность человеческих знаний, обусловленных культурой и эпохой. Он отрицает метафизику как «фундаментализм», попытку подкрепить реальность Богом или системой, тогда как нам доподлинно неизвестно, что скрывается по ту сторону человеческих рассуждений и нашего мира. В работах психоаналитика Жака Лакана «я» рассматрива-

С тех пор как поездки на Дальний Восток стали частыми и вполне доступными, буддизм все больше привлекает западных путешественников. Буддийские *бхикшу* также ездят на Запад, обучая неофитов. Яркий тому пример — тибетец Чогьям Трунгпа, который в 1959 г. сбежал от коммунистов в Индию и в конце концов стал одним из основателей первого тибетского монастыря на Западе — в Дамфрисшире (Шотландия). Он был первым тибетцем, получившим британское гражданство. Позднее он отказался от монашеской жизни, женился и переехал в США, где основал ряд приютов, буддийский университет и несколько монастырей. Он был близким другом поэта-битника Аллена Гинсберга. Некоторым из учеников продвинутой медитации он велел медитировать на слово «Будь!» не менее получаса в день и был раздосадован неспособностью западных людей просто «быть». Среди приехавших на Запад учителей попадаются колоритные личности. Но к сожалению, многие были замешаны в скандалах и обвинялись в сексуальных связях с учениками.

Один забавный случай наглядно демонстрирует, что западным буддистам следует расслабиться и быть самими собой, а не пытаться имитировать чужую культуру в погоне за аутентичным буддизмом. Некий учитель умер, и ученики пытались поддерживать его тело в позе медитации, обкладывая со всех сторон солью. Им приходилось постоянно менять соль, чтобы она оставалась чистой, — процесс крайне утомительный. Когда из Тибета прибыл лама, чтобы присутствовать на обряде погребения, он посмотрел на них с раздражением: «А у вас на Западе что, не слышали о морозильниках?»

Дзен-буддизм тоже успешно прижился на Западе, и западный буддийский орден стремится приспособить буддизм к новой культуре и новым потребностям. Верования бывают самыми разными, и некоторые на Западе придерживаются откровенного агностицизма в таких вопросах, как перерождение. Они хотят лишь медитировать, очищать сознание и следовать этическим указаниям. Такой вид буддизма крайне популярен среди людей, уставших от материализма, но духовно неуверенных и оторванных от традиционной веры. Верить почти ни во что не надо, зато можно многого достичь. Особенно это популярно в США, где буддизм привлекает кинозвезд и знаменитостей, являясь одной из наиболее быстроразвивающихся религий.

ется как социальная структура: идентичность создается языком. Мы есть то, что мы о себе говорим. Все меняется, прихоти и моды сменяют друг друга, и нет никаких глобальных теорий о жизни, вселенной и так далее. Эти теории и системы — религиозные, научные, политические или философские — отвергаются. Вместо них существуют лишь многочисленные рассказы и локальные идеи; общая картина недоступна нашему пониманию.

Мыслители постмодернизма придираются к концепциям и системам, разлагая их на составные части и заимствования, прослеживая историческое развитие и «археологию идей».

*Ученик, пасущий быка — символ непросвещенного сознания*

Они указывают на частоту использования образов, симулирующих реальность, в современных рассуждениях и СМИ. Они заигрывают с идеями пустоты, пользуясь восточной терминологией. Кое-что нельзя передать словами, но можно постараться ощутить.

Буддизм во многом перекликается с подобными воззрениями, хотя он и говорит о реальности вечной *дхармы* и состоянии *нирваны*, которого можно достичь, освободившись таким образом от постоянных перемен. Западный буддист Стивен Бэчелор утверждает, что буддизм напоминает ряд постмодернистских *коанов*, и ссылается на труды Нараджуны (II век н. э.), при-

зывающие человека отбросить все мысли и двигаться вперед.

Современная западная философия оказалась плодородной почвой для древней мудрости буддизма.

## ПОЛИТИКА

В ХХ и начале XXI в. некоторые буддийские страны пострадали от коммунизма. Тибет был аннексирован Китаем в 1950-е гг., и почти шесть тысяч монастырей были закрыты.

Около 100 тысяч тибетцев бежали в Индию, в том числе и нынешний Далай-лама. Тибет был назван «автономной областью» и заселен этническими китайцами, а преподавание велось только на китайском языке. Постройка железной дороги ускорила процесс, и традиционная культура была во многом утеряна. Монголия стала коммунистической в 1924 г., и вплоть до 1980 г. обучение *бхикшу* было запрещено. Сегодня буддизм на севере Китая снова расцвел.

## МАЛЬЧИК И БЫК

Подводя итог, уместно будет вспомнить серию буддийских рисунков, популярную в Китае и Японии. На них мальчик-пастух ищет заблудшего быка. Каждый рисунок заключен в круг. Рисунки изображают поиск, следы, погоню и, наконец, укрощение зверя. Затем довольный мальчик возвращается на рынок. В последних кругах изображен невидимый бык и красота окружающего мира. Один круг пуст — это символ *нирваны*. Мальчик достиг просветленного состояния посредством медитации, *самадхи*. Бык олицетворяет *карму* и борьбу с эго.

> Буддизм практичен и не требует веры в невозможное, в невероятное. Это способ работы с сознанием, способ самосовершенствования.
>
> Расселл, западный буддист из Лондона
>
> ✳

---

### БУДДИЗМ | вкратце...

- Когда он возник? В VI в. до н. э. в Индии.
- Основатель. Сиддхартха Гаутама (ок. 563—483 до н. э.) из клана Шакья в северной Индии. Он был царевичем, отрекшимся от жены и ребенка, чтобы вести жизнь праведника в лесу.
- Бог. Будда ставил *дхарму* (Путь) превыше богов; буддизм является агностическим и учит духовному пути, стремлению к просветлению и блаженству *нирваны*.
- Фигура искупителя. Будда — лишь учитель, не более того. Своим примером он подвигает людей искать «природу Будды» в самих себе.
- Писания. Различные писания Будды и ранних мудрецов собраны в Трипитаке («Трех корзинах»). Дхаммапада — популярное короткое собрание мудрых изречений Будды.
- Верования. Существует цикл перерождений, и душа может вырваться из него лишь путем отстранения от всего, что приносит страдания. Это означает, что может потребоваться много перерождений. Будда проповедовал Срединный Путь — избежание как крайней аскезы, так и роскошества. Каждый может достичь просветления; потенциал скрыт в человеке. *Нирвана* — это «угасание желаний», состояние свободы и умиротворенности.
- Святыня. Буддисты могут медитировать и чествовать Будду дома или в *вихарах*. Это общественные молельни со статуями Будды. В монастырях также есть комнаты для медитации.
- Священная пища. Буддисты стараются не употреблять в пищу мяса, хотя это допустимо, особенно если еды мало.
- Основные празднества. *Весак* — праздник рождения Будды. Дни *Упосатха* — праздник лунных фаз.
- Ключевые символы. Колесо перерождения, отпечаток ноги Будды означают, что жизнь — это путь к просветлению.

# Сикхизм

*На блюдо сие возложено три сущности: истина, довольство и мудрость, а к тому и сладость имени Господнего, что служит подмогою всякому. Кто впитает их и усладится ими, спасен будет...*

Гуру Грантх Сахиб[1]

## НОВИЧОК

Сикхизм — одна из наиболее молодых религий мира, возникшая в 1499 г. как следствие мистического опыта Нанака в северной Индии, на территории современного Пакистана. Сикхизм претерпел немало изменений на протяжении жизней десяти гуру, а изначально представлял собой искреннюю попытку объединить все лучшее в индуизме и исламе, достичь примирения и поклонения единому Богу. Сикхи долгие годы являют собой неотъемлемую часть индийского общества, участвуя в некоторых индуистских торжествах. На первых порах они даже привлекали индуистских священнослужителей для совершения брачных обрядов.

Лишь в 1925 г. в Индии был принят закон «О сикхских гурдварах» — он стал попыткой законодательно определить, кого можно считать сикхом. Впрочем, его сочли излишне расплывчатым, и в 1931 г. закон был дополнен.

## ЗЕМЛЯ

Пенджаб, область на севере Индии, стал родиной и вотчиной новой веры; со временем там был основан священный город Амритсар и основная святыня — Золотой храм. В разные времена этой областью правили мусульманские владыки и индуистские цари, и отношения с сикхской общиной не всегда складывались благоприятным образом. Случалось, что сикхи подвергались жестоким гонениям. Пенджаб пересекают пять широких рек («пендж» означает «пять»). Это плодородный край, за обладание которым сражались многие правители и народы.

В 1947 г. Индия была разделена. Пенджаб поделили между Индией и Пакистаном, после чего около двух с половиной миллионов сикхов перебрались в индийскую часть. Хотя Пенджаб является родиной и фамильной землей сикхов, там проживает лишь часть всемирной общины. Сикхи разъехались по всему миру, особенно по странам, некогда принадлежавшим Британской империи. Крупнейшая община за пределами Пенджаба проживает в Британии, где насчитывается около 500 тысяч сикхов. Примерно 350 тысяч живут в США.

---

[1]  Здесь и далее цитируется в переводе с английского. На русском языке книга не публиковалась.

**В двух словах**

Сикхизм (от слова «сикх» — «ученик») проповедует поклонение единому Богу. Наблюдая за кровопролитными войнами между последователями двух великих религий, гуру Нанак (1469—1539 н. э.) объединил ислам и индуизм в новое, оригинальное учение. Он сам назначил себе преемника вместо того, чтобы передать титул сыновьям и таким образом основать династию. Он выбрал самого верного из своих учеников, после чего каждый новый гуру так же назначал себе преемника. Всего было десять гуру — последний из них принял решение, что больше живых гуру не будет. Впредь учить людей будет священная книга сикхов, Гуру Грантх Сахиб. Книга включает в себя гимны, написанные различными гуру, а также индуистскими и мусульманскими праведниками.

**Дух**

Сикхизм — свежая и смелая попытка соединить две религии воедино; эта религия признает важность сердечных порывов и личной преданности Богу.

**Символ**

Символ сикхов — круг с мечами. Мечи символизируют истину, а также право на самозащиту. Сикхизму нередко приходилось бороться за выживание. Два меча с каждой стороны олицетворяют мечи, которые носил шестой гуру, и символизируют борьбу за истину и дух.

*Гуру Нанак проповедует*

# Первые шаги

*Ни индуса нет, ни мусульманина. Так чей же путь изберу я? Я изберу путь Божий.*

Гуру Нанак

## ГУРУ НАНАК

Нанак обратился в новую веру в возрасте 30 лет. О его детстве рассказывают множество историй. Все они собраны в *джанам-сакхах*. Он всегда проявлял необычайную проницательность в делах религии — к примеру, пользовался уважением как индуистских священнослужителей, так и мусульманских богословов.

Говорят также, что он заботился о бедняках, а однажды даже раздал деньги, которые отец дал ему для ведения дел. (Нанак родился в зажиточной индуистской семье, принадлежавшей к высокой касте.) Рассказывают о нем и чудеса: скажем, однажды смертоносная кобра раскрыла капюшон, чтобы закрыть от солнца юного Нанака, когда он спал. В другой раз он пустил скот на соседское пастбище. Когда сосед пожаловался, оказалось, что пастбище совершенно не пострадало, хотя скот наелся.

Нанак всегда отрицал приписываемую ему способность творить чудеса; по его словам, чудотворно лишь имя Божье. Нанак же считал себя учителем, *гуру*.

Нанак женился молодым, примерно в 18 лет, и родил двух сыновей. Любопытно, что он отказался от индуистских обрядов для очищения и защиты детей; он утверждал, что рождение естественно и благословенно, а нечистыми бывают лишь человеческие помыслы и поступки. Сестра с зятем нашли ему работу в доме высокопоставленного мусульманина, где он прослужил до своего тридцатилетия.

## РАЙСКИЙ ДВОР

Однажды, рассказывал Нанак, он отправился к реке искупаться и Господь призвал его к себе. Такое событие называется вхождением в Райский двор. Нанак отсутствовал три дня, и местные жители боялись, что он утонул. Был он призван физически или духовно — загадка, которую до сих пор обсуждают сикхи.

## БОГ ПОВСЮДУ

Однажды Нанак прилег отдохнуть, повернувшись ногами к священному месту. Местные жители были возмущены, поскольку это считалось серьезным проступком и оскорблением. Нанак ответил: «Но Бог обитает повсюду!» Нанак не одобрял религиозного паломничества и учил, что Бог присутствует везде, особенно в сердце человека.

## МОЛОКО И КРОВЬ

Иногда Нанак подкреплял свои учения театральными жестами. Однажды он принес на пиршество миску творога. Он получил ее в дар от бедного плотника. Во время пиршества он достал кусок мяса, поднесенный каким-то богачом; он сжал в руке сначала творог, а потом мясо. Из подношения бедняка начало сочиться молоко, а из подношения богача полилась кровь. Так он наглядно продемонстрировал свой тезис: подношение богача — результат эксплуатации и страданий других людей.

## СЛЕДУЮЩИЙ ГУРУ

Нанак назначил себе преемника. Он велел своим сыновьям выполнять различные простые задания — например носить снопы травы. Такая работа показалась им бессмысленной и грязной. А его ученик Лена безропотно выполнил ее. Тогда Нанак бросил монетку в пруд с грязной водой.

## Миссия Нанака

Нанак четырежды отправлялся проповедовать. Он посетил индуистские святыни в Индии, в Тибете и Шри-Ланке. Кроме того, он побывал в мусульманских святынях Ирака и Ирана, видел он и Мекку. В странствиях его сопровождал бард-мусульманин, переложивший его учения на музыку. В эпоху неграмотности люди учились по песням. Наконец, в 1521 г., после 20 лет странствий, он основал Картарпур. Это был город, в котором сикхи могли жить одной общиной и слушать его учения. Он пригласил всех желающих разделить с ним трапезу и открыл общественную столовую, или *лангар*. Это был открытый вызов кастовой системе. Там он вместе с семьей занимался земледелием до своей смерти в 1539 году.

Сыновья отказались пачкать руки. А Лена достал ее. Так Нанак отдал верному ученику предпочтение перед родными сыновьями. Он дал Лена имя «Ангад», что значит «Я сам».

## Цель

*Без Гуру никто еще не достиг Бога, сколько бы иные ни похвалялись; лишь он указывает путь и учит преданности.*

Гуру Нанак

### ЭК ОНКАР

Эта фраза означает «Бог Един» и может использоваться у сикхов как имя или звание Бога. Гуру Нанак говорил о *Наме* и *Сат Гуру*. *Нам* — это имя Бога; сикхи распевают его и медитируют на него. *Сат Гуру* означает «истинный Гуру».

*Гуру Нанак отправился купаться в реке и отсутствовал три дня. Он заявил, что в это время его призвал Бог*

Нанак учил, что у Бога нет формы, Бог трансцендентен и загадочен, он обитает вовне. Нанак отвергал индуистские учения о явлениях Вишну, *аватарах*, когда тот принимал человеческое или животное обличье, чтобы учить людей. Он не видел в этом необходимости, полагая, что Бог может обращаться к человеку через сердце или устами своих Гуру. Слово, сказанное Богом нашему сердцу, может направлять и учить. Нам ни к чему *аватары*. Таким образом, Нанак во многом следовал мусульманскому вероучению. Для мусульман Аллах трансцендентен и несравним с любыми созданиями.

## ГУРУ

Сикхи верят, что для познания Бога необходимо наставление Гуру. Это слово возникло из санскритского корня со значением «тяжелый»: то есть Гуру — это учитель «тяжелых», «весомых» материй. Гуру ведет душу от тьмы к свету.

## ИСКРА

Нанак следовал постулату индуизма, утверждая, что в каждом человеке есть божественная искра, *атман*. Согласно этому верованию, человеческая душа по сути божественна, ибо в ней обитает частица Бога, которая должна к нему вернуться. Душа может откликаться на Божье слово с помощью Гуру, а также путем произнесения имени Бога. Это пробуждение и воззвание.

### ГУРБАНИ

Термин *гурбани* означает «изречение (или изречения) Гуру». Учение Нанака можно свести к четырем принципам:

✧ Есть единый Бог в этом мире и за его пределами.

✧ Цикл перерождений существует, и людям необходимо проходить его, пока они не очистятся.

✧ Цель каждого человека — воссоединение с Богом, *мукти*.

✧ Сикхи должны петь, поклоняться и служить другим.

*Символ Эк Онкар, обозначающий единственность и единство Бога*

# Учители Пути

*Когда зажигают лампаду, тьма отступает. Когда читают духовные книги, рассеивается тьма в мыслях.*

Гуру Грантх Сахиб

## ДЕСЯТЬ ГУРУ

Десять Гуру учили сикхов, что их вера — непрерывная череда откровений и божественных наставлений.

**Гуру Ангад** (1539—1552). Лена, верный ученик Нанака, стал вторым Гуру, приняв назначение от самого Нанака. Он взял себе имя Ангад. Он участвовал в разработке особого языка, гурмукхи, для записи сикхских Писаний, чтобы придать общине характерное своеобразие. Ангад сочинил множество гимнов, вошедших в Гуру Грантх Сахиб.

**Гуру Амар Дас** (1552—1574). Амар Дас сделал открытую столовую, *лангар*, неотъемлемой частью жизни и богослужений сикхов, чтобы всякий мог сесть с ними за стол, будь то для беседы или поклонения Богу. Сикхская община упорно противостояла индуистской кастовой системе. С тех пор при каждом храме, *гурдваре*, есть *лангар*.

**Гуру Рам Дас** (1574—1581). Рам Дас, четвертый Гуру, основал священный город Амритсар и написал гимн для сикхских свадеб. До этого сикхам приходилось использовать индуистские церемонии бракосочетания.

**Гуру Арджан Дев** (1581—1606). Арджан, пятый Гуру, был младшим сыном Рам Даса. Он построил храм Харимандир посреди озера (известного как «Пруд», поскольку оно было искусственным) в Амритсаре. Позднее храм стал называться

## Возвращение

В своем невежестве душа скитается от рождения к рождению, пока не будет готова воссоединиться с Богом. Нанак верил в реинкарнацию и бесконечный цикл перерождений, *самсару*. Цель сикха — стремиться к освобождению или единению, которое называется *мукти*. Это понятие аналогично *мокше* в индуизме и *нирване* в буддизме. Душе необходимо очиститься с помощью обрядов и учений:

- произнесением нараспев слова *Нам*
- медитацией на слово *Нам*
- слушанием проповедей Гуру, *гурбани*
- богослужением
- услужением и милосердием.

Точно неизвестно, как Нанак представлял себе возвращение души. Он говорил, что она будет поглощена Богом (подобно тому, как индуизм говорит о капле дождя, воссоединяющейся с океаном), но насколько личным и сознательным видел он этот процесс — неясно. Ясно лишь, что он должен быть трансцендентен.

Золотым. Ежегодно в первый день *Байсакхи* ученики собирали пожертвования для храма.

Арджан также слагал гимны; именно он собрал воедино гимны всех предшествующих Гуру и опубликовал их в «первой книге», Ади-грантх, которая позже стала частью полного собрания — Гуру Грантх Сахиб.

Кроме того, Арджан занимался благотворительностью и открыл лепрозорий.

Позже Арджан стал первым мучеником, когда император Джехангир инспирировал гонения на сикхов. Он умер страшной смертью: его сожгли заживо, а тело сбросили в реку.

**Гуру Хар Гобинд** (1606—1644). Хар Гобинд носил два меча как оружие и символ праведности духа. Этим ознаменовался переход сикхизма к насилию ради самообороны. Хар Гобинд научил сикхов сражаться и построил в Амритсаре крепость. Однажды его войскам пришлось отступить в горы, и он был схвачен и посажен в тюрьму. В честь его освобождения отмечается праздник *Дивали*.

**Гуру Хар Раи** (1644—1661). Хар Раи был внуком Хара Гобинда. В его время сикхская община снова подверглась гонениям и была вынуждена отступить еще дальше в горы.

**Гуру Хар Кришан** (1626—1664). Хару Кришану, второму сыну Хара Раи, было всего пять лет, когда он стал Гуру. Он основал благотворительные приюты для больных оспой. Он заразился и умер — это единственный Гуру, который не был женат и не имел детей.

**Гуру Тэг Бахадур** (1621—1675). Тэг Бахадур сражался против императора, который жестоко преследовал всех инакомыслящих.

*Мул-мантра*

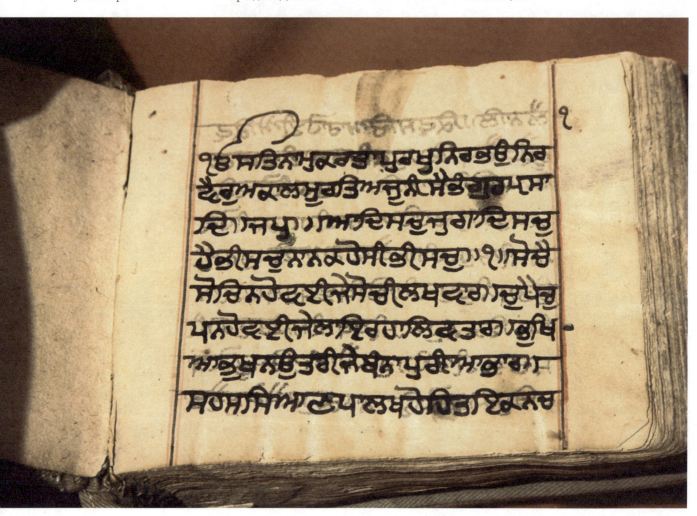

Все экземпляры Гуру Грантх Сахиб написаны на языке гурмукхи. Первые гимны были написаны на пенджаби, хинди, фарси и санскрите. В книге 1430 страниц и 3384 гимна. В ней есть также введение, где приводятся общепринятые утренние, вечерние и ночные молитвы. Основное собрание заканчивается гимнами индуистов и мусульман. Наконец, книга включает в себя свод коротких гимнов в форме двустиший.

К Грантху относятся с глубочайшим почтением. В *гурдвару* его вносят на голове, обернутым в чистое полотно. Грантх всегда должен находиться превыше всего. Верующие сидят ниже него, а если его передвигают, верующие встают. Во время богослужения книгу обмахивают веером, а потом относят в отдельную боковую комнату, где она хранится.

Император пытался обратить индуистских брахманов в ислам, но они прибегли к помощи Тэга Бахадура. В конце концов он был схвачен, но отказался принимать ислам. Тогда ему отрубили голову, и он стал вторым мучеником среди Гуру.

**Гуру Гобинд Сингх** (1675—1708). Десятый Гуру основал братство *Хальса* и церемонию *Амрит*. Он объявил, что больше живых Гуру не будет и впредь Учителем будет книга. Гобинд Сингх собрал различные гимны и разбил Гуру Грантх Сахиб на главы, придав книге окончательную форму: 31 раздел, каждый из которых начинается *мул-мантрой*. Он добавил один гимн от себя и несколько гимнов, написанных Гуру Тэгом Бахадуром. Так Ади-грантх превратилась в «Книгу почтенного учителя», Гуру Грантх Сахиб.

## Сокровищница сердца

*Бог суть Един, Имя Его суть Истина.*
*Бог есть Создатель,*
*Не ведающий страха и ненависти.*
*Бог вечен,*
*Дух Божий пребывает повсюду.*
*Бог не рождается,*
*Не умирает и не перерождается,*
*Ибо Бог суть самосущий.*
*Милостью Гуру Бог являет Себя человечеству.*

*Мул-мантра*

### МУЛ-МАНТРА

Верования сикхов изложены в *мул-мантре*, написанной Гуру Нанаком. В ней подчеркивается, что Бог не имеет формы и внешности и представить его себе невозможно: «Бог суть самосущий». Нанак говорит о вечности Бога и обращается к извечному вопросу: «Кто создал Бога?» Если Бог есть Бог, то никто не может его создать. Бог сам является Священной Сущностью.

Мантра также учит Божьей милости; Бог наставляет человечество своим словом, переданным через Гуру. Сикхизм, как и большинство религий, проповедует спасение через труд, но также добавляет, что милость и помощь Бога необходимы для воссоединения души с божественным. Здесь просматривается параллель с исламом, ибо Аллах передал человечеству слово через своих пророков.

С мул-мантры начинается *Джапу Джи Сахиб* — утренняя молитва сикхов. *Джапу Джи* открывает первую главу Грантха и собрание изречений и гимнов Нанака.

Из мантры можно заключить, что люди перерождаются через цикл *самсары*, но Бог вне его; стремление объединиться с ним ведет к долгому очищению и многим жизням. В некоторых сикхских преданиях говорится, что предсмертные слова человека раскрывают его сокровенные мысли и привязанности. Если, к примеру, он заговорит о матери, то в следующей жизни родится проституткой, поскольку раскроет свою привязанность к плоти и продолжению рода. Повторение имени Бога при смерти — свидетельство очистившейся души.

## ИСТИНА

Поиск истины — священный долг каждого сикха. Нанак учил, что истину следует искать в сердце, а истину Бога каждый человек должен найти для себя сам. Сикхи признают Божью истину во всех религиях и уважают все веры, хотя у них есть свои воззрения и обычаи. Поиск истины распространяется на повседневную жизнь, предписывая добросовестность и честность в отношениях и финансовых делах. Поиск истины также побуждает молодых уделять больше времени образованию.

## ХАЛЬСА

Это особое братство было основано в 1699 г., когда десятый Гуру, Гуру Гобинд Сингх, в апреле во время новогоднего праздника *Байсакхи* созвал всю общину. Он выхватил меч и, размахивая им, спросил, кто вызовется умереть за веру. Один человек сделал шаг вперед, и Гуру отвел его к себе в шатер. Гуру вышел с окровавленным мечом в руках. Он снова бросил клич, и вышли еще четверо, один за другим. Каждый раз Гуру поднимал над головой окровавленный меч. Это был театральный жест, способ расшевелить сонную общину и испытать мужество верующих. В шатре меч обливали кровью животного. Пять смельчаков были посвящены в *Хальса* (в переводе — «чистые»), причастившись *амритом*. *Амрит* — это сахар пополам с водой, смешанные в железной миске двуручным мечом, который назы-

## Равенство

В сикхизме нет священнослужителей, поскольку божественное доступно каждому — посредством *атмана* и учений Гуру. Существуют специально подготовленные лидеры сикхской общины, которые умеют читать Писания на оригинальном языке гурмукхи, изобретенном самими сикхами, чтобы придать своей культуре характерное своеобразие.

Такое равенство распространяется и на роль мужчин и женщин перед Богом. Они одинаково ценны для него. Представители обоих полов могут вступать в *Хальса*, особое сикхское братство для посвященных.

Нанак отвергал индуистскую кастовую систему, как и Будда за много столетий до него; он полагал, что каждая душа открыта Богу и может очиститься независимо от родословной и статуса.

вается *кханда*. Верующий пьет *амрит*, которым также окропляется его голова. Наконец, после пятерых мужчин (которые в сикхских легендах именуются «пятью верными», *пендж пьярес*) в шатер пригласили Гуру. Его звали Гуру Гобинд Раи, но затем он изменил фамилию на «Сингх», что значит «Лев». В дальнейшем всякий мужчина-сикх, вступивший в *Хальса*, стал называться «Сингх». Женщины принимают имя «Каур» — «Царевна».

*Хальса* была основана как избранное братство преданных, которым полагалось охранять веру, бескомпромиссно ее проповедовать и сражаться в целях ее обороны. Постепенно *Хальса* разрослась и стала включать всех взрослых сикхов, готовых посвятить себя высшей преданности и беспрекословно соблюдать обычаи и стиль одежды.

## Дороги к миру

*Обратитесь к Богу в размышлении. Призовите Бога, и обретете покой. Так оставляют нас мучения наши, и все тревоги наши покидают нас.*

Молитва Сукхмани. Гуру Грантх Сахиб

### ИМЯ БОГА

Сикхам полагается ежедневно нараспев произносить имя Бога, *Нам*. Для этого могут использоваться молельные четки. Сикхи также медитируют на слово *Нам*, стремясь привлечь к себе благословение Бога.

Сикхизм учит, что каждый может найти Бога без помощи священнослужителя. Не всякий может быть Гуру, но любой человек может «преисполниться Богом», медитируя на его имя и вознося ему славословия. Несмотря на это, сикхизм не породил мистических течений (в отличие от ислама и индуизма), хотя его основатель, по преданию, пережил непосредственный опыт общения с Богом.

*Сикхское «крещение», церемония амрит*

## ЕЖЕДНЕВНЫЕ МОЛИТВЫ

*Нит нем* — это «каждодневное правило» моления, предписывающее стандартные утренние, вечерние и ночные молитвы. У многих сикхов дома есть полный вариант Гуру Грантх Сахиб, который всегда хранится на верхней полке — превыше всего. Есть и небольшие книги, содержащие отрывки из гимнов Гуру. Подобное собрание называется *Гутка*. *Гутки* используются как личные молитвенники.

*Золотой храм в Амритсаре*

Утром поют гимны *Джапу Джи*, вечером — *Рехирас*, а ночью — *Сохиллу*. В конце каждой молитвы сикхи читают *Ардас* — просьбу о прощении и благословении.

## ХУКАМ

*Хукам* означает «приказ»; так называется особый метод чтения Писаний — божественный приказ, которому необходимо следовать. Грантх открывают на случайной странице и не глядя указывают пальцем в абзац. Эти строки принимаются как наставление на ближайшее будущее. Это делается дома, в одиночку, в кругу семьи или в *гурдваре*.

## СЕВА

При воспитании и вступлении в *Хальса* сикхам диктуют строгие правила поведения. Служение, или *сева*, может иметь три формы: умственную, физическую или материальную. Умственное служение означает изучение веры и проповедование ее среди окружающих; физическое служение — приготовление пищи для нуждающихся или работа в *лангаре*; материальное — благотворительность.

## РАХИТ

*Рахит* означает «поведение» или «дисциплина». Правила поведения существуют со времен Гуру Гобинда Сигха, но возникало немало споров о том, какие из них были установлены непосредственно им. Только в 1945 г. был издан общепризнанный свод правил, *Рахит*, разработанный Комитетом по управлению гурдварами, ответственным за все сикхские святыни в Пенджабе. Свод был переведен на множество языков для сикхов, живущих за рубежом. В *Рахите* содержатся моральные заповеди, запрещающие воровство и призывающие сикхов зарабатывать на жизнь честным трудом, а также поощряющие добровольную службу.

## Махараджа Ранджит Сингх

После смерти Гуру Гобинда Сингха гонения продолжались, пока не ослабла власть императора. Среди сикхов появилось множество отрядов сопротивления, которым приходилось в буквальном смысле бороться за выживание. Ранджит Сингх в 1792 г. стал их общим предводителем. Он объединил группировки воедино и стал верховным военачальником, *махараджей*. Он укрепил Харимандир в Амритсаре, установив, в частности, золотую крышу и серебряные ворота. Другие *гурдвары* были отремонтированы. Время его правления было мирным, и он следил, чтобы в армии наравне с сикхами служили индуисты и мусульмане, тем самым демонстрируя уважение и веротерпимость. При дворе у него служили не только индуисты и мусульмане, но даже иностранцы, включая британцев и американцев. Он умер в 1839 г. и по сей день почитается как справедливый и добрый правитель, который жил по заветам Гуру.

## Бхагат Пуран Сингх

Бхагат Пуран Сингх — знаменитый и уважаемый праведник XX в. Бхагат происходил из бедной семьи и самоотверженно трудился на благо неимущих. В возрасте 19 лет он дал обет безбрачия, дабы полностью посвятить себя беднякам. Он подметал улицы, убирал мусор и следил за тем, чтобы умершие, у которых не осталось близких, были кремированы надлежащим образом. В 1934 г. он нашел у *гурдвары* брошенного ребенка-калеку. Он годами носил его на спине, куда бы ни шел.

В 1947 г. он основал дом для неполноценных, Пингалвару. Пингалвара располагалась в нескольких шатрах, но позже были построены здания. В 1991 г. Бхагат был выдвинут на соискание Нобелевской премии мира. Его называли «Пенджабской Матерью Терезой».

> *У Бхагата Пурана Сингха не было ничего, кроме чистосердечного стремления служить бедным и нуждающимся. Однако он смог помочь тысячам прокаженных, умственно и физически неполноценных и умирающих людей.*
>
> Кушвант Сингх, сикхский писатель

> *Не может быть любви к Богу без служения.*
>
> Молитва Джапу Джи. Гуру Грантх Сахиб

\*

Сикхам предписано избегать употребления спиртных напитков, а женщинам запрещается прокалывать нос и уши. Также сикхской женщине не полагается носить вуаль и закрывать лицо — она равноправна с мужчиной, и в этом ее величие.

# Благоговение и изумление

> *Пойте хвалу Господу, слышьте хвалебные песни, и да исполнятся сердца ваши любовью. Бог ниспошлет мир дому вашему и развеет печали ваши.*
>
> Гуру Грантх Сахиб

## ГУРДВАРА

*Двара* означает «дверь» или «ворота»; *гурдвара* означает «дверь Гуру». Верующие собираются в *гурдваре*, чтобы слушать *гурбани*. *Гурдвара* — это любое здание для общественных богослужений, в котором хранится полный текст Гуру Грантх Сахиб.

*Гурдвары* могут выглядеть по-разному, но над ними обязательно развевается оранжевый флаг. На нем изображена *Кханда*, символ *Хальса* с одним обоюдоострым мечом, двумя мечами сражения и духа и кругом, символизирующим единого Бога. Флаг называется *Нишан Сахиб*. Сикхи заимствовали оранжевый цвет из индийской культуры, поскольку это цвет восходящего солнца, а следовательно, жизни и чистоты.

## В ГУРДВАРЕ

Верующие разуваются в комнате перед входом в *гурдвару* в знак почтения; и мужчины, и женщины покрывают головы. Внутри не полагается курить и распивать спиртное.

Молельный зал оформлен строго, почти без украшений. Иногда вывешивают цветные фонарики или блестящие вымпелы. Кроме того, в *гурдваре* часто держат изображения разных Гуру. Они представляют собой лишь наглядное пособие или украшение, и с ними не связано никаких религиозных обрядов. Им не поклоняются.

### Грантхи

*Грантхи* умеет читать Гуру Грантх Сахиб на языке гурмукхи; он всегда садится за книгой немного ниже ее. *Грантхи* или его слуга постоянно обмахивает книгу волосяным веером, *чаури*. *Чаури* был изобретен, чтобы отгонять насекомых и помогать переносить чтецу жаркую погоду, но он служит и символом власти.

В конце дня Грантх уносят в отдельное помещение. Писания заворачивают в чистую *ромалу*, а на голову *грантхи* кладет еще одно полотно. Он несет книгу на голове, чтобы она оставалась превыше всего, а другой сикх идет за ним с *чаури*. Грантх относят в специальную комнату на вершине здания и укладывают там почивать. Сверху его накрывают *ромалами*.

Центральным местом для верующих является возвышение, *палки*. В центре возвышения стоит помост, *манджи*, на котором лежит Гуру Грантх Сахиб. Когда книгу не читают, ее накрывают ярким расшитым полотном, которое называется *ромала*.

Над *палки* установлен навес, *чанди*. Место, где хранится Грантх, называется «трон», *тахт*.

Помимо молельного зала и комнаты для хранения Грантха, в *гурдваре* могут быть помещения для занятий, иногда библиотека, изредка — личная комната для *грантхи* и, конечно, столовая, *лангар*.

## ПОКЛОНЕНИЕ

У сикхов есть день поклонения Богу, *диван*, но в каждой общине он свой. Как правило, сикхи выбирают дни, совпадающие с выходными в стране их проживания. В Великобритании и США это воскресенье.

Войдя в молельный зал, верующие подходят к *тахту*, затем низко кланяются и подносят дары. Если это деньги, то их кладут в специальную шкатулку. Подносят также пищу и напитки.

Сидений в храме нет. Все сидят на полу, скрестив ноги. Ноги не должны смотреть в сторону Грантха — это знак неуважения. Мужчины и женщины сидят, как правило, по разным сторонам зала, хотя это не обязательно. Сев таким образом, они образуют общину, *сангат* (слово однокоренное с буддийским *сангха*).

Богослужение заключается в *киртане*, распевании гимнов из Грантха. Пению аккомпанируют музыканты, *раги*, играющие на барабанах и фисгармонии. Иногда *грантхи* разъясняет смысл гимнов перед пением и читает проповедь из Грантха. Во время *киртана* верующие медитируют на имена Бога, иногда с помощью молельных четок.

## Лангар

*Лангары* были открыты как общественные столовые при каждой *гурдваре* Гуру Амар Дасом. Гуру Нанак приглашал людей разделить с ним трапезу, когда они приезжали послушать его. Этим он лишний раз подчеркивал, что перед Богом все равны, а кастовую систему следует отвергать. Позднее все сикхские богослужения стали заканчиваться общей трапезой. Вход открыт любому желающему. Трапеза всегда вегетарианская, чтобы никого не обидеть (хотя сикхизм вегетарианства не предписывает).

Все члены общины готовят пищу по очереди, в том числе и богатые, видные представители общества. Это учит их ценности служения, *севы*.

В конце службы все присутствующие вкушают особую пищу, *карах прашад*. Это сладкая пастила, сделанная из равных частей сахара, масла, воды и манной крупы. Перед раздачей еды читают отрывок из *Джапу Джи*. После заключительной молитвы все встают лицом к Грантху, а *грантхи* читает над *карах прашадом* молитву и касается пищи ритуальным кинжалом, *кирпаном*.

Принять участие в трапезе может любой — и сикх, и несикх. Каждому выдается только крошечная порция, поскольку еда служит лишь символом объединения.

# Проникновение в тайну

*Бог ниспослал нам сей прекрасный дар;
зачатый милостью, да живет он долго!*

Гуру Арджан

### ТАЙНА БОГА

*Эк Онкар*, «Бог Един» — центральное понятие сикхизма. Бог трансцендентен, священ, недоступен пониманию, однако снисходит до того, чтобы учить своих Гуру и тех, кто внимает их духовным наставлениям. Посредством *гурбани* и учений Грантха сикхи могут приблизиться к Богу и услышать его слово. Во время богослужения верующие произносят нараспев божественные имена и повторяют фразы подобные *Вахей-гуру*, «Чудесный Господин», чтобы вызвать Бога.

Бог таинственен и необъятен, но близок к человеческому сердцу.

*Золотой храм*

## ТАЙНА ГУРУ

Остается тайной, как, по мнению Гуру, с ними говорил Бог и почему они были избраны. Остается тайной и призвание Гуру Нанака, посещение им Райского двора. Он мало об этом писал, и нам доподлинно неизвестно, что с ним произошло. В сикхских преданиях его смерть тоже окутана тайной. Когда он лежал на смертном одре, ученики спорили, что делать с его телом после смерти — кремировать или похоронить? Нанак попросил их оставить два букета цветов, по одному с каждой стороны ложа. Тот, что не увянет к утру, сказал он, и подскажет вам верный путь. Утром ученики обнаружили, что тело исчезло, а оба букета цветут.

*Веселое празднование гурпурба*

## РОЖДЕНИЕ

Рождение ребенка считается у сикхов великим Божьим благословением. Ребенка несут в *гурдвару*, где открывают Грантх на случайной странице, чтобы провести *хукам*. Затем читают гимн на раскрытой странице, и дают ребенку имя, которое начинается с первой буквы этого гимна.

## АМРИТСАНКАР

*Амритсанкар* — это церемония инициации по достижении совершеннолетия, но ее могут отложить на более поздний возраст. Кандидатов созывают вместе и задают им специальные вопросы, чтобы испытать их дух:

❖ Готовы ли они изучать сикхские учения и следовать им?

❖ Будут ли они молиться единому Богу?

❖ Будут ли они служить человечеству?

Затем из Грантха зачитывают *хукам* и готовят *амрит*. Сахар и воду в равных пропорциях смешивают обоюдоострым мечом в железной миске пять мужчин, олицетворяющие «пятерых верных», *пендж пьярес*. Каждый кандидат становится на колени и зачерпывает рукой *амрит*, повторяя: *Вахейгуру джи Хальса, Вахей-гуру джи Фатех.* («Хальса предана Богу. Победа принадлежит Богу».)

### Пять «К»

Принятый в *Хальса* обязан носить пять предметов. Они именуются *Пендж Какке*:

1. *Кеш* — чистые нестриженные волосы как знак преданности Богу. Их покрывают тюрбаном.
2. *Кангха* — расческа, которая содержит волосы чистыми и ухоженными и помогает собирать их в хвост.
3. *Кара* — стальной браслет, который носят на правом запястье. Он напоминает о вечном Едином Боге, а также о единстве Хальса.
4. *Качха* — свободные шорты, которые носят как нижнее белье. Возможно, их ввели; чтобы было легче бегать и сражаться.
5. *Кирпан* — короткий кинжал. Он напоминает об обязанности защищать слабых.

## СМЕРТЬ

Для сикха смерть — это вступление на путь Божий; умерший отдает себя на Божью милость и усмотрение *кармы*. Жизнь человека предопределяет, что случится с ним после смерти, и сикхи верят в реинкарнацию, заимствуя это верование из индуизма. У смертного одра читают Грантх, и в Грантхе же ищут утешения скорбящие. Через Божье слово и очищение души придет освобождение от цикла перерождений, *самсары*. Этому посвящен особый гимн, который часто исполняют на сикхских похоронах:

*«Рассвет нового дня — предвестник заката.*
*Земля — не навеки наш дом.*
*Жизнь — лишь тень на стене».*

Когда все прочие способы усмирить тиранию терпят крах, приходит время браться за меч.

Гуру Гобинд Сингх

Я ношу *кирпан*, чтобы помнить о своем долге помогать слабым. Если на кого-то нападут воры или бандиты, я должен встать на его защиту.

Молодой сикх из Слау, Англия

Каждый новый день подходит к концу; всем должно уйти, ибо никому не дозволено остаться. Наши собратья прощаются с нами, пора идти и нам. Смерть — судьба наша, и путь наш долог.

Гуру Грантх Сахиб

∗

## Амритсар

*Амритсар* означает «озеро нектара». Этот город был построен на земле, купленной Гуру Рам Дасом. Амритсар также называли Рамдаспуром, поскольку строительство начал Гуру Рам Дас в 1573 г. Он инициировал работы по преобразованию естественного водоема в искусственное озеро, «Пруд», в котором сикхи могли бы совершать ритуальные омовения. Следующий Гуру, Арджан Дев, продолжил строительство и расширил Пруд. Он построил посередине Харимандир, Золотой храм, который позднее украсили листами золота и мраморными украшениями. Храм был достроен в 1601 г., и вскоре в него перенесли Ади-грантх — первое собрание гимнов.

Золотой храм состоит из двух этажей и трона, *тахта*, под которым *раги* непрерывно поют гимны. На втором этаже постоянно происходят полные чтения Грантха. Верующих со всех сторон окружают зеркала — в то время подобным образом украшались только императорские дворцы. Это говорит о священности места. Храм увенчан золотым куполом. Другое название Золотого храма — *Дарбар Сахиб*, «Двор Господа». Чтобы войти в храм, необходимо спуститься по ступеням, что символизирует смирение, а входы расположены с четырех сторон, свидетельствуя об открытости сикхизма каждому желающему.

Гуру Нанак не поощрял паломничества и учил, что Бог обитает повсюду. Поэтому в определенном смысле в Золотом храме нет ничего особенного, ведь Богу можно поклоняться в любой *гурдваре*, но он является ценным наследием, святыней для всех сикхов. Есть в Золотом храме и музей, где выставлены различные артефакты сикхской истории.

# Празднества

*Победу Истинному Господу!*

Сикхский клич

### ГУРПУРБЫ

*Пурб* значит «день», а *гурпурб* отмечает какое-то событие из жизни Гуру. Существуют четыре основных *гурпурба*. Два — это дни рождения Гуру Нанака и Гуру Гобинда Сингха, а еще два посвящены мученичеству Гуру Арджана и Гуру Тэга Бахадура. В *гурдваре* поют гимны, сложенные тем Гуру, о котором напоминает *гурпурб*. Часто Грантх торжественно провозят по улицам. В кузове грузовика устанавливают *тахт* и палки и возят их по городу. Пятеро сикхов облачаются в церемониальные наряды и идут перед машиной, олицетворяя «пятерых верных», *пендж пьярес*.

Грантх прочитывают от начала до конца, для чего требуется 48 часов и целая группа чтецов. Такие чтения называются *Акханд Патх* и начинаются за два дня до *гурпурба*. Всем присутствующим на чтениях раздают *карах прашад*.

Мученичество Гуру Арджана и Гуру Тэга Бахадура также отмечается в *гудваре*, где исполняют их гимны. В сикхизме гуру-мученики высоко почитаются, поскольку народу пришлось пережить много гонений и страданий. Десятый Гуру, Гобинд Сингх, был преемником мученика Гуру Тэга Бахадура. Двое его сыновей, Баба Зоравар Сингх и Баба Фатех Сингх, были схвачены и казнены. Поэтому можно понять его стремление защитить сикхов и образовать *Хальса*, а также идею сделать Грантх учителем народа, предотвратив таким образом династические распри и покушения на жизни будущих предводителей.

## БАЙСАКХИ

*Байсакхи* — это основной весенний праздник сикхов, апрельский Новый год. Он посвящен созданию *Хальса*, когда Гуру Гобинд Сингх созвал всех сикхов вместе. Это традиционное время инициации, *Амрит-санкара*. В этот день флаг (*Нишан Сахиб*) вместе с древком снимают с *гурдвары*. Старый флаг разрывают на куски, которые верующие разносят по домам как сокровище. Древко омывают кислым молоком и водой, а затем вывешивают и поднимают новый флаг.

## ДИВАЛИ

Сикхи отмечают этот индуистский праздник, но наполняют его своим смыслом. Свечи и лампы зажигают в память об освобождении Гуру Хар Гобинда из тюрьмы.

Легенда гласит, что он отказался выйти на свободу, если вместе с ним не будут отпущены еще 52 заключенных, которые были индуистскими царевичами. Император согласился выполнить его просьбу при условии, что все 52 царевича будут держаться за его плащ. Все они вышли на свободу, держась за кисти на его мантии.

## ХОЛА МАХАЛЛА

Это второстепенный праздник, придуманный Гуру Гобиндом Сингхом. Его название переводится как «нападай или нападут на тебя». Это был праздник военной подготовки и упражнений, сегодня в Пенджабе устраивают инсценировки исторических сражений. Сикхи демонстрируют умение сражаться мечом и копьем, состязаются в стрельбе из лука и борьбе.

*Сражение на мечах на празднике Хола Махалла*

# Сегодня

*Твое учение верно, Твое слово сладостно, Твои очи всевидящи, Ты есть само спокойствие.*

Гуру Грантх Сахиб

## ХАЛИСТАН И ПЕНДЖАБ

Сикхам не раз приходилось бороться за свободу вероисповедания. Когда Индия входила в состав Британской империи, сикхи не имели власти над собственными *гурдварами*. В 1919 г., когда сикхи собрались праздновать *Байсакхи,* в Амритсаре произошла кровавая бойня. У них не было разрешения на собрание, и хотя

*Предводитель сикхов Джарнаил Сингх Бхиндранвале выступает перед Золотым храмом*

оно было мирным и на праздник пришло много женщин и детей, британские войска открыли огонь, уничтожив многих жителей.

Это событие потрясло Индию и вызвало волну протестов среди сикхов. Парламентский закон 1925 г. вернул храмы в их распоряжение.

В 1947 г. Индия получила независимость. Было образовано отдельное мусульманское государство — Пакистан. Сикхи ратовали за создание в Пенджабе сикхского государства Халистана. Их требования проигнорировали, и многие люди остались без крыши над головой из-за появления новых государственных границ.

Время от времени протесты в Индии вспыхивают снова, а иногда не обходится и без насилия. В 1984 г. индийская армия повредила Амритсар, чем шокировала широкую общественность. Премьер-министр Индии Индира Ганди была убита двумя своими телохранителями-сикхами, из-за чего вся сикхская община долгое время чувствовала на себе пристальное внимание секретных служб. Это возмутило многих молодых сикхов, которые до того были равнодушны к своим традициям и вере. Но хуже всего то, что предводитель сикхов, кумир молодежи святой Джарнаил Сингх Бхиндранвале, был убит во время атаки на Амритсар 1984 года.

### ЖЕНЩИНЫ

В сикхской общине женщинам отводится необычайно заметная роль. Гуру всегда стремились установить равноправие. Гуру Нанак говорил: «Как назвать низшей ту, что рожает великих мужчин?» Женщина-сикх может выполнять в общине и на богослужении все то же самое, что мужчина. Во времена Гуру продажа девочек замуж была запрещена, как и *сати* — обязанность вдовы бросаться в погребальный костер мужа.

### БОЛЛИВУД

Индийская киноиндустрия, «Болливуд», во многом зависит от пенджабцев. Сикхи крайне влиятельны в кинематографе. Хотя большинство болливудских фильмов представляют собой любовные истории о свадьбах и ухаживаниях, в последнее время наметились новые тенденции — например, экранизация биографии знаменитого борца за свободу Шахида Удхама Сингха, который присутствовал в Амритсаре во время бойни, устроенной британцами в 1919 г. В 1940 г. он убил в Лондоне бывшего губернатора Пенджаба. Шахид был арестован и казнен, а его пепел в 1975 г. вывезен в Индию.

## Белые сикхи

Феномен *гора*, или белых сикхов, возник в 1970-е гг. в США, когда Харбхаджан Сингх Пури, также известный под именем Йоги Бааджан, основал движение «ЗНО» («Здоровая, Счастливая, Священная Организация»). Белые последователи строго исполняют традиционные сикхские предписания, соблюдая «Рахит Марьяду», опубликованную в Пенджабе в 1950-х годах. Их возникновение стало неожиданностью, поскольку сикхизм был распространен только в Пенджабе и считался чисто индийской религией. *Гора* пролили свет на трения в сикхской общине. Например, хотя сикхизм отвергает кастовую систему, на практике многие сикхи осознают свою принадлежность к кастам индийского общества, и это часто принимается в расчет при заключении браков и пе-

редаче прав на владение некоторыми *гурдварами*. *Гора* не принадлежат ни к какой касте, и широкая сикхская община принимает их крайне неохотно.

Кроме того, возникают трения между тремя основными течениями — *Амритдхари*, *Кесдхари* и *Сахадждхари*. *Амритдхари* — это те, кто прошел обряд *Амрит Санкар* и носит Пять «К». *Кесдхари* носят Пять «К», но не давали обета на церемонии *Амрит Санкар*. *Сахадждхари* не носят Пять «К» и стригут волосы. Они придерживаются более западного стиля. *Гора* резко осуждают тех, кто стрижет волосы, и не считают их настоящими сикхами. Да и распространение западных ценностей среди молодого поколения, живущего за пределами Пенджаба, немало тревожит сикхские общины.

*Сикхская поп-группа «Корнершоп»*

## МУЗЫКА

*Бхангра* — это традиционная танцевальная музыка, которую исполняют во время жатвы на не менее традиционных индийских инструментах — барабанах (*дхоле*, *дхолаке* и *табле*). Сегодня музыка в стиле *бхангра* занимает не последние места в хит-парадах Индии и Запада. Некоторые группы, как, например, «Алаап», вокалиста которой зовут Чанни Сингх, используют также и западные инструменты.

Другие, вроде исполнителя по имени Апачи Индиан, сочетают реггей или рэп с традиционными ритмами. Балли Сагу — популярный ди-джей с пенджабскими корнями. В Великобритании появились такие группы, как «Сафри Бойз» из Бирмингема и «Корнершоп» из Престона. В названии последней (от англ. «магазинчик на углу») обыгрывается распространенный стереотип, согласно которому семья из Азии обязательно владеет магазинчиком на углу.

## СИКХИЗМ вкратце...

- ◆ Когда он возник? В XV в. в Индии.
- ◆ Основатель. Гуру Нанак (1469—1539), который стремился объединить мусульман и индуистов вокруг основных общих верований. После него жили и проповедовали еще девять Гуру, которые дальше развили религию.
- ◆ Бог. Бог един, и поклоняются только ему.
- ◆ Фигура искупителя. Гуру — лишь учителя, но они избраны милостью Бога, которому в радость учить людей с их помощью. Свобода от перерождений достигается служением, добрыми деяниями и поклонением Богу.
- ◆ Писания. Гуру Грантх Сахиб — свод многочисленных гимнов, написанных разными Гуру. Он считается последним и живым Гуру на все времена.
- ◆ Верования. Существует единый Бог, посылающий своих Гуру. Кастовая система отвергается, и перед Богом все равны. Сикхи обязаны пройти инициацию и носить символы своей веры, Пять «К».
- ◆ Святыня. *Гурдвара*, «ворота Гуру». Внутри хранится экземпляр Грантха, люди сидят в молельном зале.
- ◆ Священная пища. Сикхи едят за одним столом, чтобы подчеркнуть равенство. Во время богослужения они вкушают *прашад*, а потом вместе трапезничают в *лангаре*.
- ◆ Основные празднества. *Байсакхи* — новогодний праздник. *Дивали* — праздник света. *Гурпурбы* посвящены событиям в жизни десяти Гуру.
- ◆ Ключевые символы. Круг с тремя мечами, сикхский флаг — *Нишан Сахиб*. Фраза *Эк Онкар* напоминает, что Бог един.

# Иудаизм

*Отец мой был странствущий Арамеянин,*

*и пошел в Египет и поселился там с немногими людьми,*

*и произошел там от него народ великий...*

Второзаконие 26:5[1]

Иудейская вера сформировалась примерно к 2000 г. до н. э. на основе древних верований и чаяний семитских народов Ближнего Востока. На смену кочевникам приходили оседлые общины; племена называли себя заветом — духовным обязательством служить Богу и помогать друг другу. Эти племена дали человечеству Моисеев Закон, учения пророков и надежду на Мессию.

[1] Здесь и далее цитируется по изданию: «Библия. Книги Священного Писания Ветхого и Нового завета. Канонические. В русском переводе. Синодальное издание».

## ЗЕМЛЯ

Предки современных евреев появились в стране, которая сегодня называется Израилем, а тогда именовалась Ханааном. Древние племена поселились в холмистом крае Иудее и со временем сделали своей столицей Иерусалим. Позднее они объединялись под предводительством разных монархов, из которых наиболее известным был царь Давид. Постепенно они освоили прилегающие территории и прибрежную долину.

## СКИТАЛЬЦЫ

Эти племена назывались «евреями», то есть «странниками» или «скитальцами». Буквально это слово переводится как «с той стороны» — иными словами, с другого берега рек Тигр и Евфрат. В преданиях рассказывается, как этот народ пришел в Ханаан из земель вокруг Персидского залива. Возможно, слово «еврей» имеет тот же корень, что «хабиру» — так в древних текстах называются неоседлые племена. Иногда их предков называют «арамейцами». В древних хрониках встречается и слово «Израиль». Это было новое имя, данное Иакову после Божьего откровения. Евреи стали израильтянами, а позднее появился термин «иудей» — в значении «житель Иудеи». Так называлась южная часть царства, сохранившаяся после того, как ее север завоевали ассирийцы. Итак, евреи, израильтяне, иудеи: три названия, но один народ. Со временем в иудаизме развились разнообразные течения. Еще со времен Храма сохранялись жрецы и жертвоприношения, а после падения Иерусалима в 70 г. н. э. появились местные раввины и синагоги. Раввины обучались Закону, Торе и устным традициям своего народа, *Халакхе*.

## ИЗВЕСТНЫЕ ЕВРЕИ

Евреи внесли значительный вклад в историю, особенно на Западе. Карл Маркс, например, был одним из основателей коммунизма. Зигмунд Фрейд разработал психоанализ и консультативную терапию. Джонас Эдвард Солк открыл противополиомиелитную вакцину. Стивен Спилберг — знаменитый режиссер, а Барбара Стрейзанд — великая актриса.

### В двух словах

Иудеи верят в свою избранность Богом. Их народ был избран, позван единым Богом для изучения его законов и обучения других народов. Они связаны с Богом благодаря его завету с Моисеем, величайшим иудейским предводителем и пророком. Завет — это торжественное обещание, нерушимая клятва. Народу был дан Закон, которому они обязаны следовать, чтобы выполнить свои обязательства. Бог освободил их предков из египетского рабства, и они последовали за ним в знак благодарности.

Со временем Бог дал понять, что теперь на них лежит огромная ответственность. Им было суждено стать «царством священников и народом святым», а если люди нарушат законы Божьи, его замыслы будут сорваны.

### Дух

В иудаизме Бог связан со своим народом, и народ служит ему добровольно и радостно. Иудеи почитают за честь быть избранными. Бог обещает никогда не покидать их и воплощать свои замыслы в истории человеческой.

### Символ

Гексаграмма, или шестиконечная звезда Давида, основана на общем для древнего Ближнего Востока символе и амулете.

> *Быть иудеем — значит быть причастным. Быть причастным к древнему народу, нашим обычаям и традициям, которые помогают нам в жизни. Это великая почесть.*
>
> Джонатан, отец-иудей

*Психоаналитик Зигмунд Фрейд*

Одно время его использовали и иудеи, и христиане, и мусульмане, но символом иудейской веры он стал только в XIX в. До того звезду с написанными вокруг переплетенных треугольников именами Бога на иврите использовали иудейские мистики. Это делало ее могущественным духовным символом, из-за чего и возникло название *Маген-Давид*, «Звезда Давида».

## Первые шаги

*В начале сотворил Бог небо и землю. Земля же была безвидна и пуста, и тьма над бездною; и Дух Божий носился над водою.*

Бытие 1:1—2

### СОТВОРЕНИЕ

Иудейская Библия начинается масштабной и величественной историей сотворения вселенной. За семь дней или отрезков времени создаются космос и экосистема. Во второй главе первой книги («Бырэйшит» на иврите или «Бытие» по-русски) появля-ются первые мужчина и женщина. Мужчину зовут Адам — это родовое имя означает «человечество» и «красный». Это слово напоминает о красной глине, из которой он был создан. Женщина, Ева, что значит «мать живых», создана из его ребра. Эта прекрасная история свидетельствует, что мужчины и женщины одинаковы по своей сути и равны друг другу. В то время, когда была записана Библия, во многих частях Ближнего Востока женщины откровенно считались низшим полом и принадлежали своим мужьям.

Иудеи спорят о достоверности, исторической правде этих преданий. Многие ортодоксальные иудеи воспринимают их буквально, как и консервативные христиане. Другие же полагают их притчами, замечательными картинами взаимоотношений между Богом и человеком.

Бог изгнал Адама и Еву из Эдема после того, как они нарушили его приказ и вкусили плод запретного дерева. Если эта история символична, то плод олицетворяет желание «делать все по-своему», самоудовлетворение.

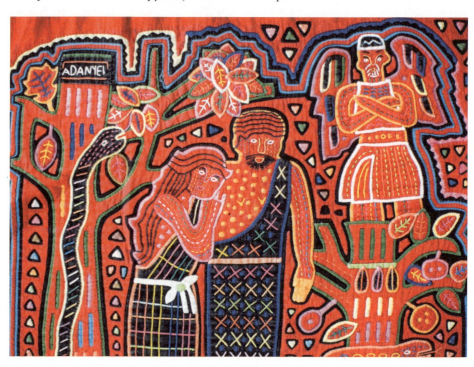

*Изгнание Адама и Евы из Райского сада*

В древнем мире под «добром и злом» подразумевалась полнота опыта, то есть «познать добро и зло» означало взять судьбу в свои руки. Таким образом, отношения с Творцом были разорваны, и в мире воцарился хаос. В иудаизме нет доктрины первородного греха, которая существует в христианстве, но мир пал, и люди рождаются с моральной слабостью, тягой ко злу — *йецер хара.*

## АВРААМ

Начиная с Авраама, мы уже имеем дело с датируемой историей. Он был родом из города Ура на побережье Персидского залива. Этот город раскопал сэр Леонард Вулли в начале XX в. Вулли обнаружил, к примеру, огромные *зиккураты* (храмы) в честь бога Солнца. Авраам услышал Божье повеление покинуть родину и отправился на север вдоль великих рек, пока не добрался до Харрана. Оттуда он вошел в Ханаан, землю своих предков. Он странствовал от оазиса к оазису, пас скот и поклонялся Богу на простых каменных алтарях. Ему был обещан сын и наследник, Исаак, через которого на все народы земли должно было снизойти благословение.

Впрочем, историю Авраама невозможно датировать хоть сколько-нибудь точно. Семитские племена скитались в поисках пригодных для жизни земель и пастбищ для домашнего скота примерно с 2000 по 1700 г. до н. э.

## ПРОРОКИ

Согласно книге Второзаконие, Бог обещал после Моисея послать других пророков для наставления людей. Треть иудейской Библии составляют предсказания пророков. В основном пророки разъясняли последствия определенных поступков, а не предсказывали будущие события.

## Моисей

Моисей — главный пророк в иудаизме. Он был воспитан как египетский царевич, хотя был евреем. Скорее всего, его имя является сокращенной формой египетского королевского имени, вроде «Тутмозес», «сын Тута». Обратившись к еврейскому Богу, он, конечно же, опустил бы имя языческого божества. В то время многие евреи были рабами в Египте, и Моисей, по велению Бога, привел их к свободе. Во второй книге иудейской Библии, Исходе, рассказывается о несчастьях, которые обрушились на Египет, царь которого не захотел отпустить их на свободу. Последней из этих «казней египетских» стала смерть всех египетских первенцев. Фараон испугался этих бедствий и отпустил евреев из плена. Затем евреи прошли через Чермное море, болотистое озеро к северу от Красного моря, и основали поселения на необжитом Синайском полуострове. Они собрались у священной горы Синай, и Моисей поднялся на гору, оставив людей в лагере у ее подножия. Он вернулся с двумя каменными таблицами (скрижалями), на которых были высечены Десять заповедей, и рассказал людям, что теперь они обязаны служить Богу согласно завету. Заповеди образуют ядро Торы — это слово в переводе с иврита означает «Закон», «Путь» или «Откровение».

Ортодоксальные иудеи и приверженцы реформаторских течений в иудаизме спорят о том, какая часть Торы была продиктована Моисею на горе Синай. Ортодоксы считают, что ему были явлены все 613 заповедей; их оппоненты полагают, что только самые основные, возможно, лишь Десять заповедей, а остальные были добавлены позже, причем не обязательно самим Моисеем.

Моисей увидел горящий куст и услышал призыв Бога отправиться в Египет и освободить евреев:

*«Моисей же пас овец у Иофора, тестя своего, священника Мадиамского. Однажды провел он стадо далеко в пустыню, и пришел к горе Божией Хориву. И явился ему ангел Господень в пламени огня из среды куста терновника. И увидел он, что терновый куст горит огнем, но куст не сгорает. Моисей сказал: пойду и посмотрю на сие великое явление, отчего куст не сгорает.*

*Господь увидел, что он идет смотреть, и воззвал к нему Бог из среды куста, и сказал: Моисей! Моисей!*

*Он сказал: вот я!*

*И сказал Бог: не подходи сюда; сними обувь твою с ног твоих, ибо место, на котором ты стоишь, есть земля святая. И сказал: Я Бог отца твоего, Бог Авраама, Бог Исаака и Бог Иакова. Моисей закрыл лице свое, потому что боялся воззреть на Бога…*

*И сказал Моисей Богу: вот, я приду к сынам Израилевым и скажу им: «Бог отцов ваших послал меня к вам». А они скажут мне: «как Ему имя?» Что сказать мне им?*

*Бог сказал Моисею: Я есмь Сущий (Иегова). И сказал: так скажи сынам Израилевым: Сущий послал меня к вам».*

Исход 3 : 1—6, 13—14

Здесь Бог являет себя как Яхве (в русском написании также «Иегова»). Это максимально возможное приближение к тому, как могло бы быть произнесено имя на самом деле, поскольку для иудеев оно настолько священно, что никогда не упоминается вслух. В иудейских писаниях вместо него используется слово «Адонай» («Господь»). В наше время многие иудеи пишут по-русски «Б-г», выказывая тем самым почтение к божественному имени.

В письменности древних евреев гласных не было, поэтому нам известно лишь, что данным Моисею именем было ЙХВХ, также известное как Тетраграмматон. Это можно перевести как «Вечный», «Сущий», «Я есть». В видении Моисея Яхве отождествляется с Элоахом — Богом Авраама, Исаака и Иакова. На сегодняшний день неясно, было ли это имя известно раньше. Тексты, обнаруженные в древней Эльбе, возможно, содержат форму «Ях», но это спорный вопрос.

Впрочем, из книги Бытие следует, что люди называли Яхве по имени задолго до Моисея:

*«Тогда начали призывать имя Господа».*

Бытие 4 : 26

Они несли слово Божье своим современникам. Однако в Торе все же есть пророчества о грядущем суде и пришествии Мессии. «Мессия» в переводе с древнееврейского значит «помазанник» — нового царя было принято помазывать священным маслом.

## ДАВИД И ЦАРСТВО

Племена желали, чтобы ими правил царь, и с Давида началась линия царей. Он служил первому царю, Саулу, но потом лишился доверия и много лет был в изгнании и служил наемником. Давид получил трон и основал династию, которой пророки предсказали вечное правление. К сожалению, после его царствования страна раскололась на северное царство Израиль и южное царство Иудею. Северное царство было разгромлено и остатки его уничтожены ассирийцами в 722—721 гг. до н. э. Южное было завоевано Вавилоном в 586 г. до н. э., а многие жители его бежали. Много лет спустя иудеи вернулись и терпеливо восстановили страну. Во времена Иисуса правителя иудеев выбирали в Риме, но народ надеялся на пришествие нового царя-освободителя. Этого не произошло, и в 70 г. н. э. Иерусалим пал вследствие кровавого восстания. Многие евреи разъехались по миру, некоторые обосновались в Римской империи, позднее расколовшейся и давшей начало разным странам Европы.

Без Храма и царя в иудаизме начался кризис веры, но местные собрания иудеев сохранили религию живой и в вавилонском изгнании и позднее. Эти собрания, или синагоги, если пользоваться греческим словом, стали главной опорой иудейской веры и остаются таковой по сей день. Их дополняют домашние религиозные обряды.

# Цель

*И сказал Бог Моисею: Я есмь Сущий (Иегова).*

Исход 3:14

## ОТ ЭЛОАХА К ЯХВЕ

В историях еврейских патриархов — Авраама, Исаака и Иакова, — изложенных в Торе, Бог часто называется Элоах или Элохим. Имя «Элоах» — древнее семитское название Бога, распространенное в Ханаане. Авраам посещал различные святыни, вроде дубравы Мамре, где взывал к Элоаху. Иногда Элоах наделялся особыми званиями — такими, как Эл-Элион («Всевышний») или Эл-Шаддай («Бог Всемогущий»).

Авраам услышал призыв покинуть Ур и вернуться на родину предков, Ханаан, населенную народом, чья религия внутренне была ему ближе.

> Я Господь, Бог твой, Который вывел тебя из земли Египетской, из дома рабства...
>
> Исход 20:2
>
> И явился ему Господь у дубравы Мамре, когда он сидел при входе в шатер, во время зноя дневного.
>
> Бытие 18:1
>
> ✳

*Такие деревья росли, должно быть, в священной дубраве времен Авраама*

Его позвал Элоах, и Элоах же связал его заветом, в частности, требовавшим принести в жертву нескольких животных. За это Элоах обещал благословить Авраама и его потомков.

Поклонение Элю среди жителей Ханаана было вытеснено новым культом — божества плодородия Ваала. Позднее израильские пророки назвали это идолопоклонством.

Элохим — множественное число от «Элоах», что значит «Божество», «Бог».

## ВЕРА В ОДНОГО БОГА СТАНОВИТСЯ ВЕРОЙ В ЕДИНСТВЕННОГО БОГА

Патриархи и Моисей поклонялись только одному Богу, но полагали, что существует еще множество других божеств. Они же были обязаны служить лишь одному. Многие древние народы верили,

*Огонь — символ Бога в иудейских Писаниях*

что в каждой стране есть свой бог или свои верховные боги, и чтобы ему поклоняться, необходимо стоять на земле этой страны. Лишь поздние пророки осудили многобожие и начали недвусмысленно утверждать веру в существование единственного Бога. Это называется монотеизмом.

## АНГЕЛЫ, СЛОВО И ДУХ, *ШЕКИНА*

В иудейских Писаниях неоднократно указывается на готовность Бога помогать своему народу. Для этого у него есть множество посредников. В первых частях Писаний упоминается «Ангел Господень» — могущественная одинокая фигура, направляющая евреев. Эта фигура кажется чуть ли не проекцией, почти частицей Божественной сути, хотя позднее ангелы стали однозначно считаться существами небесными, слугами или посланниками Бога.

На смену «Ангелу» пришла концепция Слова и Духа, двух параллельных понятий, выражавших власть и присутствие Бога на земле. В еврейской философии слово было не чем-то абстрактным, но выражением мыслей человека, мощной силой, влияющей на действительность. Слово Бога — еще мощнее, именно оно было созидательной силой мироздания. В истории о сотворении в первой главе книги Бытие Бог «выговаривает» из себя мир, слово за словом.

Дух — это вечное наставляющее присутствие, дающее земле жизнь. Дух входит во все существа и дает им жизнь. Слово и Дух были инструментами Божьей власти. В христианской философии они превратились в персонажей Троицы.

*Шекина*, или Слава — это Божье присутствие, которое обычно символизируется тучей или огненным столпом; таким образом Бог живет со своим народом на земле и направляет его.

В Торе есть восемь имен Бога, которые сочетаются с Яхве:

- Яхве-цидкену (Господь Праведность наша)
- Яхве-мкаддеш (Господь Освящающий)
- Яхве-шамма (Господь Сущий)
- Яхве-шалом (Господь Мир)
- Яхве-рофэ (Господь Целитель)
- Яхве-йирэ (Господь Дающий)
- Яхве-нисси (Господь Знамя наше)
- Яхве-рохи (Господь Пастырь)

## ВИ́ДЕНИЕ БОГА

В иудейской Библии есть много рассказов о столкновениях с божественным и видениях свыше. Они являлись Патриархам и пророкам — таким, как Исайя. Тот испытал сокрушительное ви́дение Божьей святости.

Иезекиилю было видение Божьей славы, с небесными созданиями и колесницей:

*Куда дух хотел идти, туда шли и они; куда бы ни пошел дух; и колеса поднимались наравне с ними, ибо дух животных был в колесах.*

Иезекииль 1:20

Судя по всему, у евреев появления пророков закончились за 400 лет до пришествия Иисуса. Пережив ужасное разрушение Храма в 70 г. н. э., некоторые стремились испытать видения или встретиться с Богом так, как это было описано на страницах Библии. За многие века в иудаизме возникло немало мистических течений — например, последователи течения *Мерка-ва* стремились к духовному вознесению на колеснице Иезекииля и вхождению в рай, а приверженцы ветви *Гехалот* — к вхождению в райские дворцы не во плоти, но Духом.

Иудейские мистики выискивают скрытое значение в словах Писаний, причем многие знания содержатся в строжайшем секрете и передаются лишь от раввина к ученику. В отличие от мистицизма некоторых других религий, здесь нет стремления объединиться с Божеством, есть лишь желание следовать его заповедям и исцелять мироздание. Исцеление мироздания подразумевает достижения равновесия в Боге, ибо Бога ранят страдания вселенной, и часть его — *Шекина*, или Слава, — пребывает в ней, фактически изгнанная из божественного источника.

# Учители Пути

*Только будь твёрд и очень мужествен, и тщательно храни и исполняй весь закон, который завещал тебе Моисей, раб Мой; не уклоняйся от него ни направо, ни налево, дабы поступать благоразумно во всех предприятиях твоих.*

Иисус Навин 1:7

## ТОРА

Главное собрание иудейских учений называется *Тора*. Слово «Тора» происходит от древнееврейского корня *йора*, «учить».

Тора образует первые пять книг иудейской Библии и содержит 613 законов. Также в ней содержатся многочисленные истории о предках и особенно об исходе из Египта. Иудеи принимают обязательства перед Законом из благодарности за божественное избрание. Исход — это драматичная история освобождения из египетского рабства; многие древние народы ни за что бы не стали рассказывать такого о своих предках.

Они бы придумали другое происхождение и обелили бы действительность. История исхода пропитана смирением и честностью.

Еврейские названия каждой из пяти книг взяты по их первым словам на иврите:

- ✧ Бытие/*Бырэйшит* — «Начало»
- ✧ Исход/*Шемотс* — «Имена»
- ✧ Левит/*Ваикра* — «И Воззвал Он»
- ✧ Числа/*Бымидбар* — «В Пустыне»
- ✧ Второзаконие/*Дыварим* — «Слова»

Публичное чтение Торы известно со времен книжника Эзры (ок. 444 г. до н. э.), а обычай разделять ее на части (*першийот*) был введен в синагогах. Эти части еженедельно читались в течение года или трех. Изначально Тора предназначалась не для чтения, а для распевания как священный текст. Раввинов (или мирян, «мастеров чтения», *бахал корэ*) специально обучают этому искусству.

Есть разные взгляды на авторство Торы. Ортодоксальные иудеи верят, что она была продиктована Богом Моисею на горе Синай уже целиком; иудеи других течений,

*Сирийский полководец Натан купается в реке Иордан, а за ним наблюдает пророк Илия*

в целом более либеральных, считают, что различные традиции были записаны книжниками на протяжении многих лет, и только основная часть была написана самим Моисеем.

## ТАНАХА

Иудейская Библия иногда называется *ТаНаХа* — это акроним по названиям трех ее разделов: *Тора, Набиим* и *Кетувим* (Пятикнижие Моисея, Пророки и Писания).

Раздел «Пророки» объединяет книги многочисленных пророков, а также истории первых племен и царей Израиля. Все они утверждают мысль, что если люди обратятся к Богу, он благословит их. По-видимому, в V в. до н. э. пророчества прекратились — последним пророком был Малахия из Иудеи.

Еврейские Писания были переведены на греческий в III и II вв. до н. э. Эти переводы содержали дополнительные книги канона (списка книг), вроде книги Товит. В иудейский канон, окончательно утвержденный в I в. н. э., эти книги не вошли.

## ТАЛМУД

Когда в 70 г. н. э. Храм Ирода пал, в Иавне, примерно в 40 километрах к западу от Иерусалима, была основана первая школа Торы. Там до 140 г. н. э. раввины встречались и обменивались мыслями; затем академию перенесли в Галилею, а позже в Сепфорис. Здесь были кодифицированы ритуалы и законы, обсуждены части Торы, написаны комментарии и учтены мнения различных раввинов. В результате было создано собрание учений и комментариев, известное как палестинский Талмуд. Раввины стремились заменить своим влиянием Синедрион — верховный суд иудеев, училище Закона, разогнанный римлянами, и Храм, чтобы сохранить веру.

### Писания

В разделе «Писания» содержатся притчи, стихи и псалмы. Псалмы — это собрание 150 священных песен и молитв. Некоторые из них явно использовались в Храме во время богослужений и содержат указания для музыкантов. Другие были написаны царем Давидом или входили в царское собрание. Наиболее известен 23 Псалом[1], «Господь — пастырь мой»:

*Господь — Пастырь мой; я ни в чем не буду нуждаться:*

*Он покоит меня на злачных пажитях и водит меня к водам тихим,*

*Подкрепляет душу мою, направляет меня на стези правды ради имени Своего.*

*Если я пойду и долиною смертной тени, не убоюсь зла, потому что Ты со мною; Твой жезл и Твой посох — они успокаивают меня.*

*Ты приготовил предо мною трапезу в виду врагов моих, умастил елеем голову мою; чаша моя преисполнена.*

*Так, благость и милость да сопровождают меня во все дни жизни моей, и я пребуду в доме Господнем многие дни.*

Традиция (школа) Мудрости породила множество мудрых изречений, например:

*Кроткий ответ отвращает гнев, а оскорбительное слово возбуждает ярость.*

Притчи 15 : 1

Песнь Песней — это собрание любовных стихов царя и его возлюбленной. Они лиричны и эротичны. Половое влечение и слияние мужа и жены считаются радостью, подаренной мудрым Богом-Творцом.

---

[1]    В православной Библии это Псалом 22.

> Мир существует лишь дыханием учеников.
>
> Талмуд

Когда в 135 г. н. э. римляне схватили ребе Акибу, который позже умер от пыток, он обратился к своим ученикам: «Всю свою жизнь я не понимал, что значит «произносить слова всем сердцем». Теперь я понял».

> Тора — это свет для моих ног, мой наставник в жизни.
>
> Йонатан, иудей из Парижа

\*

В Персидской империи раввины также собирались и обсуждали Тору, создав вавилонский Талмуд.

Талмуд определяет раввинский иудаизм с 70 г. н. э. до нашего времени. Талмуд состоит из *Мишны* — собрания изречений, традиций и комментариев — и *Гемары* — собрания последующих раввинских комментариев. Эти труды веками сохраняли важность и популярность у многих иудеев, дополняя Тору. До появления в 70 г. н. э. Талмуда иудаизм был более размытым и разнообразным, порождая многочисленные течения, вроде фарисеев и саддукеев.

## Сокровищница сердца

*Слушай, Израиль: Господь, Бог наш, Господь един есть. И люби Господа, Бога твоего, всем сердцем твоим, и всею душою твоею, и всеми силами твоими.*

Второзаконие 6:4—5

### ШЕМА

В иудаизме единственным, что указывает на исповедание веры, является *Шема*. «Шема» в переводе с иврита означает «слышать»; *Шема* призывает израильтян верить только в одного Бога. Полный текст приводится во Второзаконии 6:1—25.

*Ортодоксальные иудеи изучают Тору*

В иудейской Библии приведен ряд заветов между Богом и человечеством:

- Адаму дана власть над землей.
- Ною обещано, что Бог никогда больше не уничтожит человечество, в знак чего появляется радуга.
- Аврааму обещано, что его потомки будут многочисленны и благословят человечество.
- Моисею даны Десять заповедей и предписан ряд жертвоприношений, чтобы люди не забывали о завете.
- Потомкам Давида обещано вечное царствование.

В древности заветы были распространенной формой договора или обета на Ближнем Востоке. Цари давали обеты своему народу или другим монархам. Они обещали защищать и способствовать процветанию, но одновременно брали на себя четкие обязательства.

Если они не выполнялись, завет нарушался. Подношения, часто в виде кровавых жертвоприношений, скрепляли завет.

Заветы Бога содержали в себе обещания, но часто впоследствии нарушались и влекли за собой какое-либо наказание. Так, Адам и Ева были изгнаны из Эдема; потомки Авраама попали в египетское рабство; когда Моисей спустился с горы, израильтяне поклонялись Золотому Тельцу, а многие цари поклонялись другим богам. Благословения сменялись проклятиями, за подъемом следовало падение. Первый и второй Храмы были построены и разрушены, а евреи рассеялись по миру. До сих пор они ждут пришествия Мессии и окончательного благословения. Согласно раввинским комментариям, эти истории и заветы напоминают нам о двойственной натуре Бога, его справедливости и милости: по милости своей Бог не спешит свершить последний суд над грехом, но снова и снова дает возможность начать сначала.

Евреям велено следовать Божьим законам и помнить о былом египетском рабстве.

Им предписано учить своих детей заповедям и повязывать заповеди на руки и лбы, а также на дверные косяки. Поэтому иудеи-мужчины носят на правой руке и на лбу кожаные шкатулочки с небольшими свитками Второзакония и отрывками из книги Исход, а к двери иудейского дома всегда прикреплен крошечный свиток.

*Шема* учит единственности Яхве; с ним нельзя связывать никаких других богов, а кроме того, нельзя поклоняться другим богам и употреблять их имена в клятвах.

> *Слушай, Израиль: Господь, Бог наш, Господь един есть...*
>
> Второзаконие 6:4

Преданность одному Богу (будь то в форме почитания одного из многих богов или монотеизма) была радикальной для древнего мира, когда люди поклонялись целым пантеонам богов. Во времена Римской империи лишь евреям позволялось официально не поклоняться императору.

## МЕССИЯ

Иисус из Назарета провозгласил себя Мессией (как и многие другие до и после него). Большинство евреев отвергли его притязания, поскольку он был распят и не смог победить Рим и установить на земле царство Божье. (Христиане считают, что он получил духовное царство, умерев на кресте и воскреснув.) Многие современные иудеи почитают Иисуса как священного раввина, лишь незначительное меньшинство признают его как Мессию, образуя общины мессианских иудеев.

Слово «Мессия» означает «помазанник» и является синонимом царя иудейского. Священнослужители помазывали еврейских царей священным маслом, содержащимся в сосуде, выполненном из бараньего рога. Первым царем был Саул в X в. до н. э., а после него — Давид, величайший из всех царей, упоминаемых в иудейской Библии. Он объединил племена и завоевал Иерусалим. Грядущий Мессия считается идеальным, благословенным правителем, который восстановит Израильское царство и соберет рассеянный народ воедино. Во времена римской оккупации, начавшейся в 63 г. до н. э., люди надеялись, что Мессия придет освободить их от политического ига. Чаяния о земле тесно связаны с верой в Мессию: он вернет богатство Израиля и благословит землю.

В новые времена претендентом на это звание был Шавветай Зеви (1626—1676), турецкий иудей из Смирны. Он был молодым раввином, чья дата рождения совпала с традиционной датой рождения Мессии. Он отправился в Святую землю, где его признал Мессией Натан Газейский, величавший себя пророком. Зеви вернулся в Турцию и собрал немало последователей. Он призывал собрать иудейскую армию и отвоевать Святую землю, но когда ему пригрозили казнью, если он не станет мусульманином, он принял ислам, и большинство последователей отвернулись от него.

## ГРЯДУЩИЙ МИР

Многие иудеи верят в жизнь после смерти так же, как и в соблюдение Десяти заповедей на земле. Эта вера развивалась постепенно, и в Торе прямых указаний на сей счет нет. Со временем у евреев укоренилась надежда, что им не суждено во веки веков пребывать в темной Преисподней, ибо Бог не покинет народ свой в смерти. Бог, заключивший с евреями завет, не мог не позаботиться о них на той стороне. Многие надеялись получить блаженство, увидеть Бога, и эти надежды породили веру в воскресение тела. Из некоторых текстов иудейской Библии можно предположить, что это надежда на обновленную, благословенную землю. Другие придерживаются мнения, что речь идет о духовном существовании, вознесении в блаженство.

Иудаизм был первой религией, которая откровенно заявила, что люди могут предстать перед Богом после смерти; согласно многим языческим легендам, души томятся в Преисподней и только редкие избранные попадают на небеса. Поэтому иудаизм говорит об *Олам га-Ба*, «Грядущем Мире».

# Дороги к миру

*Господь благословит народ Свой миром[1].*

Псалом 29:11

## ЕЖЕДНЕВНЫЕ МОЛИТВЫ

Иудеи ежедневно читают традиционные молитвы вроде *Шемы*, но также произносят личные неформальные молитвы. Некоторые мужчины-ортодоксы носят на руке и на лбу *тефиллин*, или филактерии, — кожаные шкатулки, в которых хранятся *Шева* и 6-я глава Второзакония. На такой шкатулке написана еврейская буква *шин*, а ремешки на голове и руке образуют контуры букв *далет* и *йод* соответственно, складываясь в еврейское слово

---

[1] В православной Библии Псалом 28:11.

*Шаддай*, «Всемогущий». *Тефиллин* нужны для того, чтобы помнить о Законе и следовать ему — в уме и в делах.

Время трех ежедневных молитв было установлено раввинами. Скорее всего, формальные молитвы были неизвестны до времен Эзры, то есть V в. до н. э. По-видимому, раньше иудеи молились раз в день, своими словами, но обязательно включая в молитву славословия, просьбы и благодарности.

Раввины подчеркивали, что установленные молитвы, *сиддур*, должны читаться с благим намерением и чувством. Нужно не просто проговорить вызубренные молитвы. Необходимо проникнуться «намерением» или «направлением», *каваной*. Ребе Элиезер, живший в I в. н. э., сказал: «Когда молишься, знай, перед Кем стоишь!»

*Иудейское кладбище на Масличной горе*

### ТАЛЛИТ И ЦИЦИТ

Иудеи носят молитвенную накидку, которая называется *таллит*, покрывая им голову во время молитвы. К ней по углам пришиты кисти — *цицит*. Каждая нить в этих кистях имеет свое значение. Носить *цицит* предписывает Тора (Числа 15:38—39):

> «Объяви сынам Израилевым и скажи им, чтоб они делали себе кисти на краях одежд своих в роды их, и в кисти, которые на краях, вставляли нити из голубой шерсти. И будут они в кистях у вас для того, чтобы вы, смотря на них, вспоминали все заповеди Господни...»

Ортодоксальные еврейские мужчины и мальчики носят *таллит каттане*, нижнюю рубашку с кисточками, надевая ее с утра и снимая только перед сном. При этом они читают молитву: «Благословен будь, Господь, Бог наш, Правитель Мира, освятивший нас Своими заповедями и повелевший нам оборачиваться в *цицит*».

Святыней для иудеев является Западная стена в Иерусалиме. Это единственная сохранившаяся часть Храма Ирода, разрушенного римлянами в 70 г. н. э. Иудеи совершают к ней паломничество и молятся перед ней. Это видимое и осязаемое напоминание об их наследии, частица Святой земли. Многие пишут молитвы на свитках и вставляют их в трещины на стене.

*«И изрек Бог все слова сии, сказав:*

*Я Господь, Бог твой, Который вывел тебя из земли Египетской, из дома рабства.*

*Да не будет у тебя других богов пред лицем Моим.*

*Не делай себе кумира и никакого изображения того, что на небе вверху, и что на земле внизу, и что в воде ниже земли.*

*Не поклоняйся им и не служи им; ибо Я Господь, Бог твой, Бог ревнитель, наказывающий детей за вину отцов до третьего и четвертого рода, ненавидящих Меня,*

*И творящий милость до тысячи родов любящим Меня и соблюдающим заповеди Мои.*

*Не произноси имени Господа, Бога твоего, напрасно; ибо Господь не оставит без наказания того, кто произносит имя Его напрасно.*

*Помни день субботний, чтобы святить его. Шесть дней работай, и делай всякие дела твои; а день седьмый — суббота Господу Богу твоему: не делай в оный никакого дела ни ты, ни сын твой, ни дочь твоя, ни раб твой, ни рабыня твоя, ни скот твой, ни пришелец, который в жилищах твоих. Ибо в шесть дней создал Господь небо и землю, море и все, что в них, и в день седьмый почил. Посему благословил Господь день субботний и освятил его.*

*Почитай отца твоего и мать твою, чтобы продлились дни твои на земле, которую Господь, Бог твой, дает тебе.*

*Не убивай.*

*Не прелюбодействуй.*

*Не кради.*

*Не произноси ложного свидетельства на ближнего твоего.*

## Молитвы

Иудеи читают молитву благословения, *бераха*, по разным поводам — с утра и перед сном, перед едой и питьем, услышав хорошие новости, увидев что-нибудь прекрасное в природе. Так, хлеб благословляют следующими словами:

*«Благословен будь, Господь, Бог наш, Правитель Мира, рождающий хлеб из земли».*

При виде океана говорят:

*«Благословен будь, Господь, Бог наш, Правитель Мира, сотворивший море разливанное».*

Молитву *Амида* читают стоя, утром и вечером. Она содержит восемнадцать благословений. В книге Второзаконие израильтянам обещано благословение в обмен на послушание:

*«И придут на тебя все благословения сии, и исполнятся на тебе, если будешь слушать гласа Господа, Бога твоего».*

Второзаконие 28:2

Слово «благословение», *бераха*, имеет тот же корень, что «весна». Оно означает жизнь и благоденствие, восстановление сил и счастье.

*Не желай дома ближнего твоего; не желай жены ближнего твоего, ни раба его, ни рабыни его, ни вола его, ни осла его, ничего, что у ближнего твоего».*

Исход 20:1—17

*Мальчик-иудей с тефиллин совершает ежедневную молитву*

Десять заповедей, по-гречески Декалог, содержат исчерпывающие правила поведения для иудея. Они представляют собой общественные и религиозные заповеди. В иудейских Писаниях есть немало других этических наставлений — например, кодекс святости в книге Левит, включающий в себя такую заповедь:

> «Не злословь глухого, и пред слепым не клади ничего, чтобы преткнуться ему; бойся Бога твоего. Я Господь».
>
> Левит 19:14

Приводятся в Торе и общие наставления — например, в Книге пророка Михея 6:8:

> «Сказано тебе, чтó — добро, и чего требует от тебя Господь: действовать справедливо, любить дела милосердия и смиренномудренно ходить пред Богом твоим».

Еврейские пророки не только предсказывали грядущие события, но и несли слово Божье своим современникам, призывая людей следовать Божьим заповедям. Амос, например, осуждал людей за то, что они устраивают религиозные праздники в тот час, как в их земле нет справедливости, а между богачами и бедняками пролегла пропасть. После падения Храма в 70 г. н. э. раввины стали говорить, что праведные деяния пришли на смену жертвоприношениям прошлого: милосердие и раскаяние милее Богу, чем жертвенная кровь забитых животных.

# Благоговение и изумление

> Радостно восклицайте Господу — вся земля! Служите Господу в радости, предстаньте пред Ним с пением.
>
> Псалом 100:1[1]

### *КИДДУШ* И ДОМ

Иудеи поклоняются Богу в первую очередь у себя дома. Синагога стоит на втором месте и в ежедневных семейных молитвах, и в еженедельной трапезе на *Шаббат* или в ежегодных празднествах. *Киддуш* — это благодарение, которое произносят над хлебом и вином, чтобы освятить их, предназначить их для священной трапезы:

> «Благословен будь, Господь, Бог наш, Правитель Мира, рождающий хлеб из земли... творящий плоды на лозе».

На *Шаббат* вся семья собирается вместе за столом. Перед этим мать зажигает субботние свечи, приветствуя и чтя Божье присутствие:

> «Благословен будь, Господь, Бог наш, Правитель Мира, освятивший нас своими заповедями и повелевший нам зажигать субботние огни».

Затем отец произносит *Киддуш* над хлебом и вином. Члены семьи поздравляют друг друга словами: «Шаббат шалом!» («Мир в субботу!»).

Тора запрещает иудеям работать в *Шаббат*. *Шаббат*, что значит «отдых», длится с вечера пятницы до вечера субботы. На протяжении веков раввины нередко спорили о том, чтó, собственно, считать «работой», а в Талмуде перечислено 39 запрет-

---

[1] В православной Библии Псалом 99:1—2.

ных занятий — от распашки полей до поднимания грузов.

Ортодоксальные иудеи толкуют эти запреты буквально, устанавливая таймеры на выключатели и приготавливая еду на день раньше.

В *Шаббат* есть равновесие, раввины придумали поэтический образ, где *Шаббат* выступает в качестве невесты и царицы. Согласно их аллегории, когда первая неделя сотворения окончилась, каждый день был назван по порядковому номеру (в иврите эти названия дней сохранились и по сей день). Только *Шаббат* имеет собственное название (или звание). Бог дал израильтянам субботу как невесту, чтобы они любили и чтили ее. *Шаббат* должен радовать людей — вся семья собирается и празднует. Как царица *Шаббат* правит и напоминает израильтянам о заповедях, призывая их помнить о своем Творце. Раввины VI—XII вв. н. э. разработали кодекс для спасения жизни, *пикуах нэфеш* («спасение жизни»). Врач обязан лечить пациента, поэтому человек должен обратиться к другому за помощью, нарушая все заповеди *Шаббат* во имя большого человеческого добра.

## ХРАМ

В иудейской Библии упоминается Храм как место поклонения, сегодня у иудеев нет Храма. Во времена Моисея «храм» представлял собой шатер с внутренним двориком. Он разбирался на шесты и полотна, которые племена могли носить с собой. Когда евреи обосновались на своей земле, царь Соломон построил постоянный первый Храм в Иерусалиме на Сионском холме. В VI в. до н. э. его разрушили вавилоняне, что было для иудеев настоящей катастрофой. Столетие спустя Храм был отстроен заново, а в I в. н. э. Ирод Великий перестроил и расширил его. Римляне разрушили второй Храм в 70 г. н. э. Отстроен он так и не был.

### Синагога

«Синагога» в переводе с греческого означает «собрание». Само происхождение слова свидетельствует, что синагоги были изобретены евреями, жившими вдали от Иудеи, в общинах, разбросанных по всему Средиземноморью. Добраться до Храма в Иерусалиме им было непросто, поэтому они каждую неделю собирались вместе, чтобы изучать Тору и славить Бога. Планировка синагоги проста. У входа стоит шкаф — ковчег — на котором сбоку установлен семисвечник. Это *менора*. Посередине стоит стол чтеца, а вокруг него — сиденья. В ковчеге хранятся свитки Торы; *менора* символизирует семь дней сотворения, а пламя свечей олицетворяет присутствие живого Бога. Стол, за которым раввин стоит во время службы, называется *бима*; на него кладут свитки для чтения. Основу богослужения обычно составляют молитвы и Псалмы, чтение Торы и заключительные молитвы за благоденствие земли и правительство государства Израиль. Затем Тору кладут обратно в ковчег.

В ортодоксальных синагогах мужчины и женщины сидят раздельно. Несение свитков Торы вокруг синагоги к *биме* — время радости, и верующие тянутся, чтобы поцеловать свитки или коснуться их молитвенниками, которые они потом целуют.

У ортодоксальных евреев службу всегда проводят на иврите; в реформистских течениях служба часто смешанная, то есть 75 % времени говорят на иврите, а 25 % — на английском или языке страны, где находится синагога. Но определенные молитвы и песни, например *Шему*, всегда исполняют на иврите.

*Семья иудеев-хасидов*

В церемонии зажжения свечей было что-то изысканное. Это ощущалось в тишине перед наступлением Шаббат, который в первую очередь означает отдых и близость к Богу. В доме было тихо; нельзя было включать радио, снимать трубку телефона, включать и выключать свет… Со временем свечи догорали, и наш дом погружался в безмятежный полумрак.

Вильям Гельмрейх. Вставай, вставай, ждет труд Господень

Собрание в синагоге напоминает нам, что мы принадлежим народу, нации, и что мы не одиноки перед Богом.

Раввин из Манчестера, Англия

\*

---
[1]  В православной Библии Псалом 18:10—11.

Храм был украшен сложной символикой, золотыми подсвечниками и картинами; повсюду сияли лампы, а в воздухе были слышны ароматы сладких благовоний. Перед Святая Святых — внутренним помещением — располагался алтарь. На него клали жертвенное зерно и животных. Это делалось во благодарение либо во искупление греха. В Торе говорится, что на алтаре должна быть пролита кровь и кровью же он должен быть окроплен — жизнь за жизнь, так сказать. В Святая Святых стоял стол, на который клали хлеб в подношение Богу, и ковчег Завета. В нем хранились таблицы Закона. Со временем ковчег был утерян — возможно, после разрушения первого Храма. Во времена римлян Святая Святых уже стояла пустой.

На службе в Храме проповедовали о святости и величии Бога, а также предлагали ритуальные способы обратиться к нему и очиститься. Богослужения сопровождались музыкой и песнями. Они были яркими, драматичными и живыми. Эта традиция тоже утеряна, но в синагогах и во время основных празднеств иудеи так же почитают Тору и возносят хвалебные Псалмы.

Раввины учили, что молитва и милосердные деяния — добрые поступки — заменят собой храмовые жертвоприношения.

# Проникновение в тайну

*И учи́те им сыновей своих, говоря о них, когда ты сидишь в доме твоем и когда идешь дорогою, и когда ложишься, и когда встаешь.*

Второзаконие 11:19

### МЕЗУЗА

В *мезузе* хранится небольшой свиток или главы Второзакония, чаще шестая и одиннадцатая, то есть *Шема* и повеление носить законы на голове и на руке. *Мезузу* всегда прикрепляют ко входной двери в доме, а часто и на все внутренние двери, кроме туалета, ванной и гаража. *Мезузу* положено вешать только на жилые комнаты.

*В синагоге; на переднем плане — раскрытый свиток Торы*

Они крепятся диагонально, и при входе иудеи почтительно касаются их.

Иудаизм — во многом религия книги, слова, но ему не чужды ритуалы, подкрепляющие основные постулаты. Хлеб и вино, свечи, семисвечники и украшенные свитки — все это поставлено на службу духовному просвещению.

## ОБРЕЗАНИЕ

Этот ритуал для вступления в общину иудеев-мужчин был подтверждением Завета с Богом еще на заре иудейской веры. Согласно Торе, Авраам ввел его, повинуясь божественному приказу. Обрезание было распространено у многих ближневосточных племен, но только в качестве обряда совершеннолетия в период полового созревания. Иудеи делали (и до сих пор делают) его гораздо раньше, обычно через восемь дней после рождения ребенка.

Ребенка вносят под радостные восклицания членов семьи, которые кричат: «Да будь благословен!» Раввин кладет ребенка на подушку, именуемую «троном», после чего либо он сам, либо специально обученный человек (*мохель*) производит обрезание. Отец ребенка берет его на руки и говорит: «Благословен будь, Господь, Бог наш, Правитель Мира, освятивший нас Своими заповедями и повелевший нам отдать моего сына в завет Авраамов».

## БАР-МИЦВА И БАТ-МИЦВА

У иудеев есть обряд по случаю совершеннолетия: *Бар-Мицва* означает «Сын заповеди», а *Бат-Мицва* — «Дочь заповеди». Ортодоксальные иудеи разрешают проходить его только мальчикам в возрасте 13 лет; реформаторы позволяют девочкам с 12 лет проходить обряд Бат-Мицвы. Молодые люди должны выучить иврит и на память прочитать отрывок из Торы. В ортодоксальном иудаизме мальчик после этого считается мужчиной в религиозных делах и может быть одним из *миньян* — минимального количества из десяти человек, необходимого для создания синагоги.

## ЧУДЕСА

Иудеи верят, что чудеса возможны и что праведники и праведницы могут свершать их по Божьему благословению. Они редки и исключительны, но вполне реальны.

Да, чудеса не всегда бывают сверхъестественными — иногда это проявления сил природы, некогда непостижимых для древних умов, но в них всегда есть Божий промысел. В частности, в I в. н. э.

были праведники, которые якобы исцеляли больных и приносили ответы на молитвы — например, вызывали дождь в засуху. Некоторые современные иудеи склонны рассматривать Иисуса как праведника, который облада́л такими умениями.

## Празднества

*Наблюдайте опресноки; ибо в сей самый день Я вывел ополчения ваши из земли Египетской; и наблюдайте день сей в роды ваши, как установление вечное.*

Исход 12:17

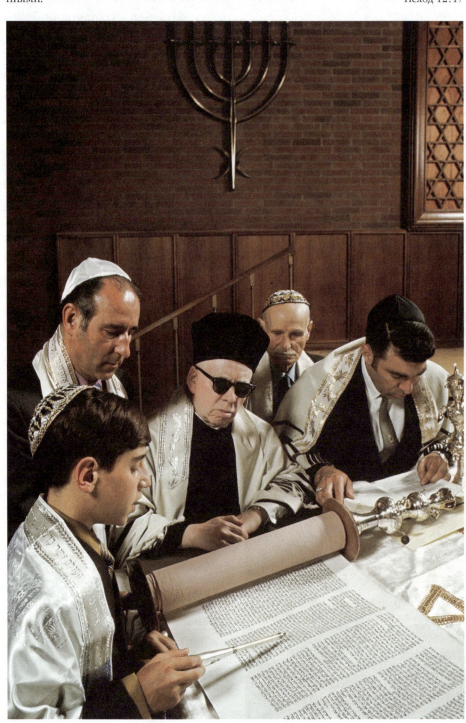

*Мальчик-иудей читает Писания на иврите на своей Бар-Мицве*

## ПЕСАХ

*Песах* (Пасха) — это весенний праздник, который отмечается по лунному календарю, поэтому его дата из года в год передвигается относительно солнечного календаря. Она часто совпадает с христианским празднованием Пасхи. По иудейскому календарю *Песах* начинается 15 *нисана* и длится семь дней (восемь для иудеев, живущих не в Израиле). Название *Песах* обязано своим происхождением как пасхальному агнцу, которого приносили в жертву в старом иерусалимском Храме накануне праздника, так и прохождению (*пасах* на иврите) Бога над домами израильтян и наказанию им египтян перед тем, как Моисей вывел евреев из рабства.

Библейское название праздника — *Хаг га-мацот*, «Праздник опресноков». Евреям было велено есть только пресный хлеб на протяжении всех семи дней праздника.

После разрушения Храма в 70 г. н. э. приношение пасхального агнца в жертву стало невозможным, поэтому празднование всецело сосредоточилось вокруг домашней трапезы. Трапеза проходит согласно строгому порядку, *Седеру*, а на столе помимо обычных блюд стоят разные символические яства. В Библии говорится, что на *Песах* подавали опресноки и печеного барашка с горькими травами. Это меню сейчас дополнено крутым яйцом (его называют *бейца*), соленой водой, *харосетом* — пюре из яблок, толченых орехов, вина и корицы — и петрушкой. Все блюда имеют символическое значение, поэтому их можно есть во время *Седера*:

⬦ крутое яйцо — зарождение новой жизни из руин

⬦ соленая вода — слезы рабов

⬦ *харосет* — радость и сладость свободы

⬦ петрушка — новая жизнь и пропитание евреев в походе.

---

 **Мистицизм**

Религии мира богаты мистическими течениями. В иудаизме мысль о поглощении души Богом и единении с божественным не является основной, но существует много ответвлений его, стремящихся глубже постичь тайну божественного.

*Каббала* — это одна из школ иудейского мистицизма. Помимо мистики она содержит также ритуалы и мудрые учения. *Каббала*, что означает «традиция», является якобы тайным учением Торы, восходящим к Моисею и даже самому Адаму. Ее также называют «тайной мудростью», *гохма нистара*. Существуют две каббалистических школы: Зогар, возникшая в XII в. н. э., и Лурианская, возникшая в XVI в. Последняя была усовершенствованным вариантом первой. Школа Зогар началась с сочинений Исаака Слепого в Провансе, а позднее распространилась в Испании, где была доработана Моисеем Лионским[1] и приобрела немалую популярность.

*Каббала* смешивает языческие греческие воззрения с эзотерическим иудаизмом. По сути, у Бога есть две ипостаси — сам Бог и Бог в своем откровении. Первая именуется Эн-Соф, Бесконечное. Эн-Соф непостижимо, но оно (он) проявляется в десяти эманациях, именуемых *Сефиротами*, которые нисходят в мир и увенчиваются людьми. Наше поведение влияет на *Сефироты*, а греховные поступки прерывают поток божественного благословения. С точки зрения каббалиста, люди в буквальном смысле подпирают небеса; в нашей власти призвать благословение или разрушение. Ортодоксальные иудеи и приверженцы реформаторских течений по-разному относятся к *Каббале*; некоторые принимают ее с оговорками, а некоторые полностью отвергают.

---

[1]   Трактат Моисея Лионского «Книга сияния» (книга «Зогар») известен сейчас всем, кто увлекается эзотерикой.

---

На *Песах* приглашают незнакомых людей, гостем может быть любой, кто хочет разделить радость с нами. В особенности мы хотим дать возможность отпраздновать всем иудеям — ведь у некоторых нет семьи, они одиноки.

Мириам, мать-иудейка

Мы построили *сукку* [беседку], потому что детям это очень нравится. Это прекрасный способ рассказать им истории об их вере. Нет ничего веселее, чем ходить от *сукки* к *сукке*, есть фрукты и делить вино.

Отец-иудей из Израиля

✳

Старший сын спрашивает отца: «Чем эта ночь отличается от всех остальных?», и тогда отец рассказывает историю Моисея, еврейских рабов и Исхода. Этот рассказ называется *Хаггада* («Повествование»).

Один бокал вина оставляют пророку Илии в надежде, что он вернется до конца трапезы, а последний тост звучит так: «На следующий год в отстроенном Иерусалиме! На следующий год все будут свободны!»

Иудеи верят, что, празднуя *Песах*, они находятся в присутствии живого Бога — того самого, который освободил рабов много веков назад. Поэтому в конце выражают надежду на избавление от нынешних бед.

### ШАВУОТ

*Шавуот* празднуется летом в честь вручения Моисею Торы на горе Синай. Синагоги украшают цветами. *Шавуот* значит «Пир недель». Он наступает через семь недель после *Песаха*, и первоначально был праздником весеннего урожая. Поскольку это время совпало с прибытием евреев к горе Синай, раввины придали празднику новое значение. На *Шавуот* едят молочные продукты — возможно, как символ «питающего молока» Торы. Другое название праздника — Пятидесятница.

### СУККОТ

*Суккот* означает «хижины» и празднуется осенью в честь того времени, когда евреи жили в шатрах посреди пустыни перед прибытием в Ханаан. Иудеи строят в садах беседки и украшают их. В теплых широтах (например, в Израиле) семья может переночевать там; но чаще в них устраивают праздничные трапезы. Суккот продолжается семь дней.

Эти три праздника упоминаются в иудейской Библии как большие торжества,

### Симхат Тора

*Симхат Тора* означает «торжество Торы». Верующие собираются в синагоге, и свитки Торы семь раз проносят по кругу. Люди поют и танцуют от радости. Иудейские богослужения бывают бурными и энергичными, а вовсе не только торжественными и основанными на чтении. Верующие часто водят хороводы: сплетают руки и танцуют по кругу под гимны и народные песни. Эти чувства соответствует духу Псалмов, где говорится о радости исполнения Божьего Закона:

*Как люблю я закон Твой! весь день размышляю о нем.*

Псалом 119:97[1]

---

[1]  В православной Библии это Псалом 118:97.

когда людям следует совершать паломничества и посещать Иерусалим.

### ХАНУКА

*Ханука* посвящена времени, когда сирийцы чуть было не уничтожили иудейскую веру во II в. до н. э.: царь-завоеватель Антиох насаждал в Иудее греческую культуру. Иуда Маккавей возглавил отряд борцов за свободу. Они победили завоевателей и прогнали их. Храм был осквернен — в нем воздвигли статую Зевса. Евреи очистили храм и снова освятили его для богослужений. *Ханука* означает «освящение». Семисвечник, *менору*, снова внесли в Храм, но масла для свечей хватало только на одну ночь. Чтобы получить необходимое количество масла, требовалось долгих восемь дней. Но Божьей милостью свечи горели восемь дней, и поэтому *Ханука* длится восемь дней.

На праздник зажигают *Ханука-менору* с восемью свечами, зажигая по одной свече каждый день. Люди обмениваются подарками.

У иудеев есть еще множество праздников — например, *Рош Хашана* (празднование Нового Года), *Йом Киппур* (День Искупления, когда люди просят прощения) и *Пурим*, который отмечается в честь избавления от гонений во времена царицы Есфирь.

## Сегодня

*Вот, Я делаю новое; ныне же оно явится; неужели вы и этого не хотите знать?*

Исайя 43:19

### РЕФОРМЫ И ТРАДИЦИЯ

В иудаизме с самого начала существовали разные школы мысли с разными течениями и обычаями. После 70 г. н. э. господствующим течением отчасти являлось фарисейство; фарисеи начали обучать раввинов и кодифицировали традиции в Талмуде. В результате возник ортодоксальный иудаизм. Некоторые стремились приспособить иудейские обычаи к традициям стран, в которых они жили. На XIX век пришелся расцвет реформатского иудаизма, который пошел дальше и внес разнообразие в синагогальные службы, допустив умеренное использование разговорного языка и упрощение религиозных одеяний. Мужчины и женщины сидели вместе и считались равноправными. В реформатских конгрегациях сегодня есть и женщины-раввины.

Основной вопрос заключается в том, рассматривать ли иудаизм как данное, а заповеди Торы полными и неизменными на все времена, или же как веру, которая развивается столетиями, приспосабливаясь к различным временам и условиям. Реформатские иудеи соглашаются, что основу Торы заложил сам Моисей; ортодоксы же верят, что все 613 заповедей были даны Моисею на горе Синай.

*Восьмисвечник для Хануки*

## Земля

Надежда на обретение Земли обетованной присутствует в иудаизме со времен Авраама. В иудейской Библии повествуется о том, как люди утратили свою землю и были изгнаны, пока много лет спустя персы не вернули их обратно. Однако северные племена Израиля пропали навеки, когда их изгнали ассирийцы. Римляне завоевали Иерусалим и подавили восстания в I и II вв. н. э. После этого в регионе почти не осталось евреев, и он получил название «Палестина». Евреи жили общинами, рассеянными по всему миру. О тоске по родине говорится еще в средневековых песнях Иегуды Галеви, но мысль использовать для этого политические средства зародилась лишь в XIX в. Сионизм стал движением за отвоевание еврейской родины, а возглавил его Теодор Герцль. Некоторые реформатские иудеи отнеслись к новому движению с подозрением, поскольку оно противоречило догмату — идее равенства всех людей перед Богом. Ортодоксы также отвергали его: оно отрицало Мессию; согласно традиционным верованиям, именно Мессия должен повести евреев обратно на родину. Только ужасы холокоста и образование государства Израиль в 1948 г. изменили ход событий, и многие иудейские течения стали на поддержку страны.

К сожалению, столкновения между палестинскими арабами и евреями не прекращаются. Некоторые палестинцы жили на этой земле уже много поколений, а некоторые прибыли незадолго до образования Израиля. Трения по поводу границ и новых поселений до сих пор создают угрозу национальной безопасности. Израиль не контролировал Иерусалим до 1967 г., пока в ходе Шестидневной войны он не был отвоеван. В городе до сих пор существуют христианские и мусульманские кварталы, но теперь он целиком принадлежит Израилю.

В дальнейшем возникли и другие ответвления — например, либерально-прогрессивный иудаизм. Консервативные иудеи ближе к ортодоксам, но все же признают некоторые реформы.

Хасидизм — более мистическая ветвь иудейской религии, основанная ребе Баал Шем-Товом (1700—1760). Хасиды верят, что их предводители наделены бо́льшими духовными талантами и пониманием, чем прошедшие формальную подготовку раввины.

## МЕССИЯ

Этот образ во все времена окружало множество легенд, надежд и верований. В некоторых традициях говорится не столько о человеке, сколько о Мессианской эпохе — грядущей эпохе благословения и мира. Ортодоксы верят в Мессию-человека, а приверженцы реформистских течений более либеральны в этом отношении. Многие рассматривают Мессию как символ возможности лучших времен, повсеместной дружбы и образованности. Некоторые реформаторы называют свои синагоги «храмами», поскольку те заменили им Храм.

## ЕВРЕИ ПО ВСЕМУ МИРУ

Крупнейшая еврейская община проживает не в Израиле, где верующих около 4700 тысяч человек, а в США, где их около 5 900 тысяч. Меньшие по численности общины есть и в других странах мира — например, 600 тысяч евреев проживает во Франции, 550 тысяч — в России, 260 тысяч — в Великобритании и 250 тысяч — в Аргентине. Основной проблемой евреев во всех странах остается ассимиляция — потеря самобытности и смешение с широким сообществом. В США, к примеру, менее 50 % евреев посещают синагогу и более 40 % вступают в брак с последователями других религий.

## ГОНЕНИЯ

В средневековой литературе встречается образ «вечного жида», которому суждено вечно скитаться и никогда не вернуться на родину за то, что евреи отвергли Христа.

К сожалению, средневековая церковь учила, что евреи — «христоубийцы», повинные в богоубийстве, хотя Иисус был евреем, Павел был евреем, и все двенадцать апостолов были евреями. Это противоречило Новому Завету, где евреи почитаются как корень древа веры, к которому были привиты христиане-неевреи. Время от времени гонения на евреев и погромы случались в таких разных местах, как графство Йорк в Англии и царская Россия. В средневековье евреи должны были носить особую одежду с желтой звездой. Гитлер возродил эту традицию, запустив безжалостный маховик геноцида; новые технологии в совокупности с беспощадным планированием были призваны изничтожить всех евреев в Европе. Холокост, или *Шоа*, уничтожил около шести миллионов евреев. В результате люди решили вернуться в Израиль и основать безопасную и постоянную родину.

В Израиле выстроен мемориал Яд Вашем, посвященный погибшим во время *Шоа*, и в память о них горит вечный огонь. Антисемитизм сегодня не так распространен, как раньше, но продолжает оставаться одной из форм расизма.

---

## ИУДАИЗМ                                      вкратце...

- Когда он возник? Ортодоксальные иудеи исчисляют свою веру от начала времен и первого человека, Адама. Пророк Авраам жил примерно в 1700 г. до н. э., а Моисей — около 1400—1200 гг. до н. э.
- Основатель. Единого основателя нет, эту роль отчасти выполняет Моисей, поскольку он получил Тору на горе Синай.
- Бог. Бога называют Элоах или Яхве, он вечен и трансцендентен.
- Фигура искупителя. Пророки, вроде Моисея, являются лишь учителями. Однако есть надежда на пришествие Мессии. Из некоторых текстов следует, что он пострадает за людей или установит царство Божье.
- Писания. ТаНаХа, иудейская Библия, — собрание из 39 книг, поделенных на три раздела: Тора, Пророки и Писания.
- Верования. Иудеи верят, что Бог призвал их следовать его заповедям в Торе и связал их заветом. Они должны быть светочем для других народов. Благословения завета распространяются не только на эту жизнь, но и на мир грядущий.
- Святыня. Изначально дом и Храм в Иерусалиме, где совершались подношения и жертвоприношения. Он был разрушен в 70 г. н. э., и к тому времени возникли местные собрания, синагоги.
- Священная пища. Тора запрещает употреблять некоторую пищу, например свинину и моллюсков. В иудейской традиции не допускается есть вместе мясо и молоко. На праздниках и во время молитвы часто предлагают хлеб и вино.
- Основные празднества. *Песах* — время семейной трапезы с символическими блюдами, которые напоминают об Исходе из Египта. На *Суккот* люди строят беседки в память о днях, проведенных в пустыне. *Симхат Тора* — время радоваться Торе. *Ханука* — праздник света.
- Ключевые символы. Звезда Давида, семисвечник — *менора*, напоминает о сотворении.

# Христианство

*Ибо так возлюбил Бог мир, что отдал Сына Своего единородного,*

*дабы всякий, верующий в Него, не погиб, но имел жизнь вечную.*

От Иоанна 3:16

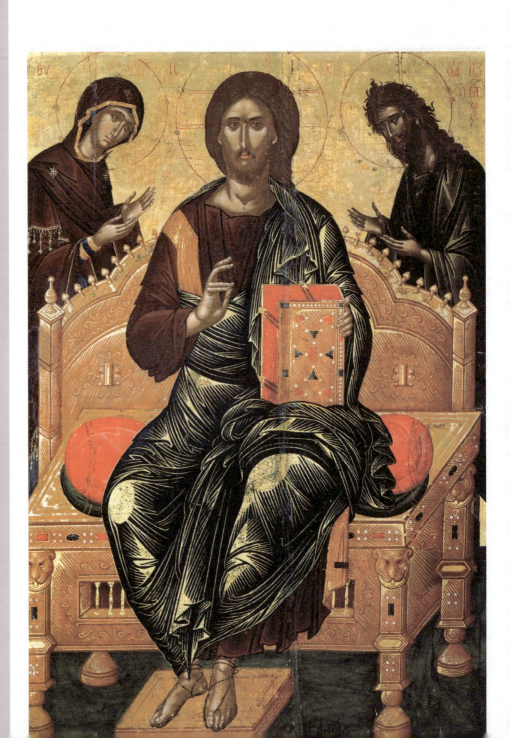

## БОГ И ЧЕЛОВЕК

Христианство — вера, основанная на «Христе», которым считается Иисус из Назарета. Иисус был евреем и жил в I в. н. э. Христиане верят, что он был одновременно Богом и человеком, высшим единением Небес и земли.

## ИЕШУА

Иисуса (по-арамейски — Иешуа) в то время называли бы Иешуа Бар Йосиф, «Иисус, сын Иосифа». Слово «Христос» было особым званием, греческим термином, аналогичным еврейскому «Мессия». Оно значит «помазанный царь». Иосиф довольно быстро выпадает из евангельской истории, из-за этого складывается впечатление, что он умер рано. В позднейших традициях говорится, что он был гораздо старше Марии, которая подростком вышла за него замуж. Согласно той же традиции, братья и сестры Иисуса, упоминаемые в Библии, на самом деле приходились ему сводными, поскольку были детьми Иосифа от первого брака. Иосиф считается вдовцом — его первая жена умерла. Однако ничего подобного в Евангелиях не упоминается.

В греческой традиции об Иосифе говорится, что он был *тектоном*. Это может означать плотником, столяром или даже строителем. Предположительно, Иисус занимался семейным делом, пока не стал странствующим проповедником. Вероятно, это привело его семью в ужас, на что есть намек в Евангелии от Марка 3:21:

*И услышавши, ближние Его пошли взять Его, ибо говорили, что Он вышел из себя.*

## СВЯТАЯ ЗЕМЛЯ В I ВЕКЕ

Евреи селились в двух областях — Галилее на севере и Иудее на юге. Между ними пролегала Самария — земля переселенцев, тремя веками ранее занятая ассирийцами. Иудея, со столицей Иерусалимом, была богаче. Галилея представляла собой скопление городков и деревень на границах с языческими землями, где располагались крупные, многолюдные римские города. Скорее всего, галилеяне работали в языческих городах ремесленниками. Галилейская родина Иисуса была бедной и стояла в основном на земледелии и наемной рабочей силе.

### В двух словах

Христианство зародилось как иудейское течение на Ближнем Востоке. Иисус был иудеем-галилеянином, жившим на окраине Римской империи приблизительно с 4 г. до н. э. по 33 г. н. э. Он стал родоначальником веры, которая распространилась по всей империи, а в IV в. н. э. была признана официальной. Вековые традиции поклонения императору и языческим богам были отвергнуты в пользу пророка и плотника с Востока. Эта вера достигла также древней Персии, Китая и Индии, но основные ее корни были в Северной Африке, греческом мире и землях, которым суждено позже стать Европой.

Христианство — вера, основанная на парадоксе. Она не только утверждает, что Бог смог стать человеком, но и что распятый человек стал Спасителем и Господом. В Римской империи распятие было варварским наказанием для уголовных преступников и бунтарей, и такая смерть считалась позорной. Но христиане верят, что тот, кто, казалось бы, постыдно проиграл, позже возвысился надо всеми. Центральные понятия христианства — смирение, прощение и Божья милость — незаслуженная благосклонность.

### Дух

Христиане так передали бы дух своей веры: Бог низошел в свое творение, как

> И Слово стало плотию и обитало с нами.
>
> От Иоанна 1:14
>
> *

*Вознесшийся Иисус*

писатель, вписавший себя в собственный роман. Он вмешался не только для того, чтобы научить правильному пути или просветить умы небесной мудростью, но и чтобы спасти мир искуплением грехов. Бог сошел на землю, чтобы умереть на кресте за грехи мира и победно вознестись на небо. Дух христианства в том, что у людей есть Искупитель: сам Бог во плоти.

### Символ

Главный христианский символ — крест, в память о распятии Христа. Для многих христиан пустой крест служит напоминанием о том, что история Иисуса закончилась не его смертью, но его воскресением к новой жизни.

# Первые шаги

*В шестый же месяц послан был Ангел Гавриил от Бога в город Галилейский, называемый Назарет, к Деве, обрученной мужу, именем Иосифу, из дома Давидова; имя же Деве: Мария.*

От Луки 1:26—27

### ГДЕ ВСЕ НАЧАЛОСЬ?

Деревня Назарет, в которой вырос Иисус, была, вероятно, очень маленькой, поскольку археологи обнаружили на этом месте совсем немного захоронений. В Евангелиях говорится, что к Назарету относились с некой долей презрения, как к захудалому провинциальному местечку. Когда ученику Нафанаилу сказали, что с ним

*Христос исцеляет больных*

хочет говорить Иисус, он пробормотал: «Из Назарета может ли быть чтó доброе?» (От Иоанна 1:46).

## ИИСУС

По Библии, Иосиф был не родным, а приемным отцом Иисуса. Мария была беременна до того, как они поженились, и не от него. По обычаям того времени, по сей день сохранившимся в некоторых ближневосточных культурах, девушку за это должны были казнить, поскольку она таким образом бесчестила семью. Иосиф собирался втайне расторгнуть помолвку, чтобы сохранить Марии жизнь. Но что-то его остановило, поэтому он женился на ней и воспитал сына, как своего собственного. В Евангелии от Матфея описан сон, в котором к Иосифу обратился ангел.

В Евангелиях от Матфея и от Луки утверждается, что Иисус был рожден девственницей, хотя в других частях Нового Завета об этом умалчивается. Однако есть основания предположить, что противники Иисуса считали его незаконнорожденным: «Тогда сказали Ему: где Твой отец?» (От Иоанна 8:19). (Позднее языческие писатели с насмешкой писали, будто Иисус был зачат римским солдатом, хотя тому нет никаких свидетельств.) Непорочное зачатие считается чудом, свидетельствующим о способности Бога сотворить жизнь непосредственно в утробе, в обход обычных законов биологии. Большинство христиан испокон веков безоговорочно верили в такую версию, она закреплена в христианских символах веры. Однако сегодня некоторые полагают, что непорочное зачатие было метафорой, символом воплощенных в Иисусе духовной силы и присутствия Бога.

## СЫН ДАВИДА

В историях о происхождении Давида просматриваются общие темы. Иудеи надея-

### Пастырство Иисуса

В Евангелиях пастырство Иисуса описывается в общих чертах; о нем рассказывается и в Деяниях Апостолов — ответ Петра Корнилию:

*И мы свидетели всего, что сделал Он в стране Иудейской и в Иерусалиме, и что наконец Его убили, повесивши на древе. Сего Бог воскресил в третий день и дал Ему являться Не всему народу, но свидетелям, предъизбранным от Бога, нам, которые с Ним ели и пили, по воскресении Его из мертвых; и Он повелел нам проповедывать людям и свидетельствовать, что Он есть определенный от Бога Судия живых и мертвых. О Нем все пророки свидетельствуют, что всякий верующий в Него получит прощение грехов именем Его.*

Деяния 10:39—43

После того как Иисус принял крещение от Иоанна Крестителя, он проповедовал в Галилее, а затем вернулся в Иудею и последние дни провел в Иерусалиме.

В Евангелии от Иоанна представлена другая хронология, что крайне любопытно. Иисус посещает Иерусалим и читает там проповеди трижды за период своих скитаний по Галилее.

В Евангелиях точные даты приводятся редко, но Иисус появляется во времена правления Тиберия Цезаря, когда прокуратором Иудеи был Понтий Пилат. Соответственно, он жил в первой половине I в. н. э., а умер примерно в 33 г. н. э.

Сколько бы ни прожил Иисус и в каком бы году ни умер, история на этом не заканчивается. Первые христиане рассказывали о его воскрешении, прорыве к новой жизни после распятия. Большинство иудеев надеялись на воскресение мертвых после конца света, но этот человек достиг его раньше всех остальных. Следовательно, решили они, он — Господь и Спаситель.

лись на пришествие нового царя, потомка Давида, избранного предводителя, помазанного на царство, или «Мессию» на иврите. Эта надежда на Давидово потомство сквозит в речах ветхозаветных пророков и снова возникает в Евангелиях и других частях Нового Завета. Иисуса славили как «Давидова Сына». Эта ветхозаветная надежда восходит ко многим псалмам — например, она отчетливо слышна в Псалме 89:4—5[1]:

*Я поставил завет с избранным Моим, клялся Давиду, рабу Моему: Навек утвержу семя твое, в род и род устрою престол твой!*

Ранние проповеди первых последователей Иисуса, апостолов, перекликаются с этими идеями. Надежда на Давидово потомство несколько раз упоминается в Новом Завете, а Иисус рассматривается как исполнение пророчества.

### «СЫН»?

В Евангелиях Иисус именуется «Сыном» в трех разных вариантах — Сын Давидов, Сын Человеческий и Сын Божий. «Сын Человеческий» (то есть «человек») — это звание Мессии, основанное на видении грядущего Спасителя в книге пророка Даниила. Выражение «Сын Божий» толковалось по-разному. Оно могло обозначать иудейского царя, как в псалмах (к примеру, Псалом 2:7: «Господь сказал Мне: ты Сын Мой, Я ныне родил тебя»). Оно могло обозначать праведника, а в книге пророка Осии 11:1 «сыном» назван весь Израиль: «и из Египта вызвал сына Моего». Для ранней церкви это также значило, что Иисус был единственным приближенным к Богу. Позднее это звание стало обозначать ту часть Бога, что обрела плоть, — «Сына».

---

[1] В православной Библии Псалом 88:4—5.

# Цель

*Кто не любит, тот не познал Бога, потому что Бог есть любовь.*

1-е Иоанна 4:8

### ТРОИЦА

Христиане веруют в одного Бога, то есть являются монотеистами, но говорят, что Бог триедин: Отец, Сын и Святой Дух. Такова доктрина Троицы. Возможно, это сродни тому, как $H_2O$ существует в трех состояниях: вода, пар и лед. Одна сущность *может* существовать тройственно. Но христиане верят, что Бог — личность, а не сила или неодушевленный предмет. И подобно тому, как люди бывают по-настоящему живы только в отношениях между собой, так и в Боге, согласно христианству, происходят динамические перемещения: Бог взаимоотносителен.

### БОГ ОТЕЦ

«Отцовская» ипостась Бога подразумевает Творца. Философы говорят о Первопричине космоса и Недвижимом Движителе. Перед глазами встает картина бескрайних галактик, крошечных звезд и межзвездных пространств. Бог трансцендентен, он — вовне.

Однако для христиан имя «Отец» заключает в себе любовь, личность, небесное покровительство и защиту. Молясь Богу, Иисус иногда употреблял уменьшительную форму слова «Отец», *Авва*, на его родном языке — арамейском. Этим теплым словом ребенок мог назвать своего отца.

Именуя Бога «Отцом», мы сталкиваемся с глубоко ироничным парадоксом: бескрайность и таинственность объединяются в этом слове с нежной любовью. Некоторые представляют себе Бога белобородым старцем, восседающим на небесах.

Доктрина Троицы была окончательно разработана отцами церкви и недвусмысленно закреплена в Никейском вердикте (325 г. н. э.). Однако основное понятие встречается в самом начале Нового Завета. Тройственная природа Бога явлена в ранней христианской молитве, «Благодати»:

*Благодать Господа (нашего) Иисуса Христа, и любовь Бога (Отца), и общение Святого Духа со всеми вами. Аминь.*

2-е Коринфянам 13:13

Таким был Бог для христиан. Это была далеко не абстрактная идея. Свидетельства о вере в Троицу можно найти в Евангелиях — например, в истории крещения Иисуса. Отец говорит, Иисус — Сын, а Дух нисходит:

*И, крестившись, Иисус тотчас вышел из воды, — и се, отверзлись Ему небеса, и увидел Иоанн Духа Божия, Который сходил, как голубь, и ниспускался на Него. И се, глас с небес глаголющий: Сей есть Сын Мой возлюбленный, в Котором Мое благоволение.*

От Матфея 3:16-17

Эта же тройственность проявляется в истории об избиении камнями Стефана, первого мученика, в Деяниях 7:55: «Стефан же, будучи исполнен Духа Святого, воззрев на небо, увидел славу Божию и Иисуса, стоящего одесную Бога…»; здесь участвуют Бог (то есть Отец), Иисус и Святой Дух.

Потому что вы не приняли духа рабства, *чтобы* опять *жить* в страхе, но приняли Духа усыновления, Которым взываем: «*Авва*, Отче!»

Римлянам 8:15

…Сам Бог есть общество. Воистину, непостижимая загадка богословия… Тройственная тайна утешительна, как вино, и открыта, как английский камин; смущая разум, она успокаивает сердце.

Г. К. Честертон. Ортодоксия

＊

Но для христиан Бог — невидимый Дух, а не «потусторонняя» сила.

## БОГ СЫН

«Сын» — это ипостась Бога, которая в Новом Завете именуется также «Словом» или «Мудростью». Из этих описаний можно заключить, что он — «здешний» Бог, принимающий активное участие в делах мирских.

В Новом Завете Иисус зовется «Словом» и «Мудростью» Бога. Таким образом, между Ветхим и Новым Заветами происходит огромный скачок. Слово, или Мудрость, приняло человеческое обличье и поселилось среди людей.

Иисуса также называли «Сыном» Божьим, и христиане верят, что он — воплощение Бога на земле. В Библии это имя имеет много значений, но после воскресения Иисуса христиане стали воспринимать его как подтверждение божественной природы Иисуса. Он был частью Бога и вернулся к Богу.

## СВЯТОЙ ДУХ

Святой Дух также считается проявлением Бога. Христиане верят, что Дух делает людей святыми и дает им жизнь. В Новом Завете Дух, в частности, изображается как ветер, вода и огонь. Ветер невидим и непредсказуем, но можно наблюдать его действие. Вода дает жизнь и освежает. Огонь дает свет и очищает.

Богословы видят проявление Духа на лицах простых верующих, которых коснулись свет и радость. Они — «лицо» Духа.

## ХОРОВОД

Позднее отцы церкви учили, что все три Лица Троицы навеки сплелись в хороводе любви, и живут друг в друге: они равны между собой. Все они суть один Бог. У православных христиан возникла иконописная традиция для изображения загадочной Троицы. Она основана на истории о том, как Аврааму и Сарре явились три незнакомца (Бытие 18:1—15). Их считали ангелами, а позднее прообразами Троицы. На иконах они сидят за столом и вкушают пищу, приготовленную Саррой. Все они равны по величине и важности. Стол доступен всем, кто желает присоединиться к трапезе.

# Учители Пути

*И они постоянно пребывали в учении Апостолов, в общении и преломлении хлеба и в молитвах.*

Деяния 2:42

## ПУТЬ

До изобретения термина «христианство» движение первых христиан называлось «Путь». Первыми предводителями и пасторами были апостолы. Термин «апостол» происходит от греческого слова со значением «посылать». В ближневосточной культуре учитель или чиновник посылал своих представителей, облеченных пол-

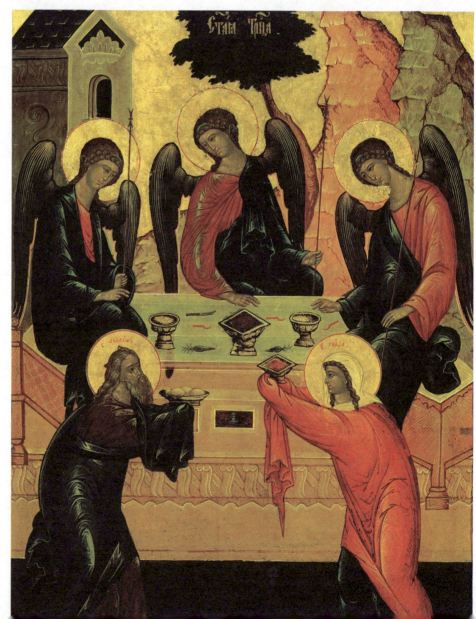

*Икона, изображающая визит трех ангелов к Аврааму. Они считаются символами Троицы*

номочиями. Апостолы были уполномочены построить церковь вознесшимся Господом Иисусом:

> *Итак идите, научите все народы, крестя их во имя Отца и Сына и Святого Духа, Уча их соблюдать все, что Я повелел вам; и се, Я с вами во все дни до скончания века.*
>
> Иисус, От Матфея 28:19—20

## ДВЕНАДЦАТЬ АПОСТОЛОВ

Сначала апостолов называли «учениками», то есть приверженцами, последователями. Иисус созвал их вместе, проповедуя на земле. Это были двенадцать сильных мужчин, символизирующих двенадцать колен Израилевых.

В Евангелиях рассказывается об их недостатках и спорах, об их неспособности понять учение Христа при его жизни.

## АПОСТОЛЬСКОЕ ПРЕДАНИЕ

У первых христиан в качестве Писания был только Ветхий Завет. Потом возникли предания об Иисусе и первые сборники его изречений и чудес (скорее всего, основанные на устных пересказах). В той форме, которую мы знаем сегодня, четыре Евангелия сложились только к концу I в. Некоторые, впрочем, полагают, что все они были написаны до 70 г. н. э.

Помимо учений Иисуса и наставлений Ветхого Завета, возникли учения апостолов. Все это было собрано в одно предание, одно бесценное собрание истинных учений, которое ревностно сохраняли и передавали из поколения в поколение.

> *О Тимофей! храни преданное тебе, отвращаясь негодного пустословия и... лжеименного знания...*
>
> Павел, 1-е Тимофею 6:20

*Апостол Павел*

## БИБЛИЯ

В христианскую Библию входит 39 книг Ветхого Завета и 27 книг Нового. Слово «Завет» не случайно перекликается с иудаизмом: оно означает соглашение между Богом и людьми и данные им обещания. Новый Завет рассказывает о том, как Бог выполняет свои обязательства через Иисуса.

## Павел

Апостол Павел не был последователем Иисуса при его жизни. Более того, будучи рьяным фарисеем, он преследовал раннюю церковь. Он отправился в Дамаск, чтобы организовать там гонения на христиан, но по дороге ему явилось видение Иисуса, сиявшего столь ярким светом, что Павел временно ослеп. Он принял христианство, крестился и какое-то время жил в Антиохе в Сирии. Там он помогал церкви. В конце концов он стал проповедовать веру неевреям по всему Римскому миру. А на первых порах он посещал местные иудейские общины, часто обращая в христианство неевреев, которые посещали службу в синагогах и считались «богобоязненными».

## Франциск Ассизский

Франциск Бернардоне (1181/2—1226) был сыном зажиточного торговца тканями в городе Ассизи, Италия. Он служил в армии и на несколько месяцев попал в плен; в это время в нем произошли глубокие душевные перемены. Как гласит знаменитая легенда, он оставил семейное дело, разделся догола, отдал одежду отцу и стал нищенствовать. Он носил простой балахон и собирал вокруг себя других братьев́. Им полагалось следовать монашеским обетам бедности, целомудрия и послушания, но дозволялось свободно путешествовать, проповедуя и обучая людей. В 1209—1210 гг. Папа Римский благословил новый орден, после чего тот разросся так, как и не мечталось Франциску. Он обнимал на улице прокаженных, которых все остальные избегали, укротил дикого волка, который смиренно сидел у его ног, когда Франциск крестился, и совершил мирную миссию к мусульманам-сарацинам во времена жестоких Крестовых походов.

## Мартин Лютер

Лютер (1483—1546) был монахом-августинцем в Виттенбергском университете в Саксонии. В 1515 г. он стал викарием своего ордена и управлял одиннадцатью монастырями. Между 1512 и 1515 г. он пережил опыт милости и прощения, убедивший его, что люди не могут заслужить Божью любовь, но что Бог пришел во Христе, дабы избавить человечество от тяжкой вины. Он начал ставить под сомнение некоторые учения тогдашней церкви и вывесил свои 95 Тезисов на двери виттенбергского кафедрального собора, пытаясь начать их обсуждение. Основной его претензией к церковному руководству была продажа индульгенций — документов, прощающих грехи и гарантирующих попадание освобожденной души в рай. Таким образом он невольно породил течение, названное позже Реформацией, которое раскололо европейскую церковь. Реформаторы желали очистить церковь и вернуть ее ко временам апостолов. После долгих лет раскола Римско-католическая церковь и лютеране в конце XX в. провели плодотворный диалог, а сам Лютер был признан честным, проницательным учителем Евангелия.

В Новом Завете:

◇ четыре Евангелия — рассказы о Христе

◇ Деяния Апостолов — истории о первых христианах

◇ 21 письмо (или «послание»), написанные апостолами Павлом, Петром и Иоанном

◇ Откровения (или Апокалипсис) — пророческая книга о конце света.

## БЛАГОЧЕСТИВОЕ ЧТЕНИЕ

Для христиан Писания являются живым источником учения. Они не просто рассказывают о древней истории. Библия для христиан священна, вдохновлена Богом. Конечно, нередко дискутируют о формах этого вдохновения и о том, сколько в Библии фактического, а сколько символического. Следует ли рассматривать историю Адама и Евы как историческую или как иносказательную? Возможно, книга содержит явные научно-исторические ошибки, но безошибочные духовные наставления? Независимо от ответов на эти вопросы, верующие относятся к Писаниям благочестиво, следуя совету, данному в Первом послании Петра 2:2: «Как новорожденные младенцы, возлюби́те чистое словесное молоко, дабы от него возрасти вам во спасение...».

## Сокровищница сердца

*...никто не может назвать Иисуса Господом, как только Духом Святым.*

Павел, 1-е Коринфянам 12:3

### ИСТОЧНИК И СОКРОВИЩЕ

Христианская вера основана на предании, поведанном апостолами. Оно считается драгоценным, как великое сокровище, достойное почитания и благоговения. Кроме того, верующие считают его не просто су-

хим перечнем абстрактных идей или моральных указов: оно дает жизнь. Предание сродни живому источнику Духа, фонтану жизни и благословения, в котором люди плавают и плещутся. Иисус сказал, что даст людям «воду живую» и что этот дар придет изнутри. Предание питает, направляет и воспитывает верующего.

*Эфиопский дьякон изучает Библию*

*Но вода, которую Я дам ему, сделается в нем источником воды, текущей в жизнь вечную.*

Иисус, От Иоанна 4:14

## ПОДТВЕРЖДЕНИЯ

Судя по всему, ранняя церковь разработала множество стандартных формулировок веры для новообращенных. Они бывали очень короткими — например: «Иисус есть Господь». Это было открытым вызовом культу поклонения императору, когда Цезарю приносили жертву со словами: «Цезарь есть Господь!» В Новом Завете можно найти свидетельства других утверждений, например в Первом послании к Тимофею 3:16:

*И беспрекословно — великая благочестия тайна:*
*Бог явился во плоти, оправдал Себя в Духе, показал Себя Ангелам,*
*проповедан в народах, принят верою в мире, вознесся во славе.*

В Послании к Ефесянам 5:14 встречается некое подобие благословения при крещении:

*Встань, спящий,*
*и воскресни из мертвых,*
*и осветит тебя Христос.*

*Ребенок играет под струями фонтана; в Новом Завете вода — могущественный символ очищения и обновления*

## СИМВОЛЫ ВЕРЫ

Со временем были составлены более подробные перечни основных христианских верований; они передавались от церкви к церкви и получили широкое распространение. Апостольский символ веры был одним из первых и применялся для обучения новообращенных и подготовки к крещению. Позднее символы веры были составлены Церковными соборами — общими собраниями епископов во главе с императором, которые встречались для обсуждения некоторых спорных вопросов доктрины и обрядов. Наиболее распространенный из поздних символов веры — Никейский символ, который до сих пор зачитывается во время современных богослужений. Он был принят Никейским собором в 325 г. н. э. При сравнении этих двух символов становится очевидно, что в последнем гораздо больше сказано о природе Иисуса. Оба символа вращаются вокруг Троицы: Бог — Творец, Иисус — Искупитель, а Святой Дух присутствует в Церкви.

## АПОСТОЛЬСКИЙ СИМВОЛ ВЕРЫ

*Верую во единого Бога Отца, Вседержителя, Творца неба и земли.*
*И во единого Господа Иисуса Христа, Сына Божия, Единородного, воплотившегося от Духа Святого и Марии Девы,*
*распятого за нас при Понтии Пилате, страдавшего и погребенного, и воскресшего.*
*И восшедшего на третий день на небеса и справа от Отца сидящего.*
*И грядущего вновь со славой судить живых и мертвых.*

*И верую в Духа Святого,*
*во святую соборную Церковь,*
*в единство святых,*

*в оставление грехов,*
*в воскресение тела,*
*и жизнь вечную.*
*Аминь.*

## НИКЕЙСКИЙ СИМВОЛ ВЕРЫ

*Веруем во единого Бога Отца, Вседержителя, Творца неба и земли, всего видимого и невидимого.*

*И во единого Господа Иисуса Христа, Сына Божия, Единородного, Отцом рожденного прежде всех веков; в Свет от Света, в Бога истинного от Бога истинного, рожденного, несотворенного, единосущного Отцу, через Которого все произошло.*
*Ради нас людей и нашего ради спасения сошедшего с небес и воплотившегося от Духа Святого и Марии Девы и вочеловечившегося.*
*Распятого за нас при Понтии Пилате, страдавшего и погребенного.*
*И воскресшего в третий день, согласно Писаниям.*
*И восшедшего на небеса и справа от Отца сидящего.*
*И грядущего вновь со славой судить живых и мертвых,*
*Царствию же Его не будет конца.*
*И веруем в Духа Святого, Господа Животворящего, от Отца и от Сына исходящего,*
*Коего вместе с Отцом и Сыном славим и почитаем, через пророков говорившего.*
*Во единую Святую, Соборную и Апостольскую Церковь.*
*Исповедуем единое крещение во оставление грехов.*
*Чаем воскресения из мертвых и жизни будущего века.*
*Аминь.*

> Символ веры говорит не о чьих-то верованиях, а о моих (или наших) собственных... это не просто история мироздания, символ носит также автобиографический характер. Это глубоко личное утверждение, иначе оно неверно.
>
> Николас Лэш, богослов

∗

*Согласно христианской вере, Иисус умер за грехи мира*

## КЛЮЧЕВЫЕ ВЕРОВАНИЯ

✧ Христиане поклоняются одному Богу в Троице: Отцу, Сыну и Святому Духу.

✧ Ипостаси Троицы равны между собой и все являются частями Бога.

✧ Иисус — это Бог, ставший человеком, «Сын» во плоти.

✧ Иисус умер за нас всех во времена правления Пилата, то есть в исторический период. Он не мифичен.

✧ Иисус воскрес на третий день, живой духом и телом.

✧ Святой Дух живет в верующих, освящает их и сегодня говорит через пророков.

✧ Люди образуют церковь — всемирную («католическую», то есть «соборную») и основанную на учениях апостолов («апостольскую»).

✧ Прощение грехов доступно каждому.

✧ После смерти есть жизнь, воскресение тела.

## ИСКУПЛЕНИЕ

Смерть Иисуса имеет важное значение. Она принесла искупление, «покрытие» греха, возвращение людей к правильным отношениям с Богом. В Библии описаны многие модели искупления. Один из основных

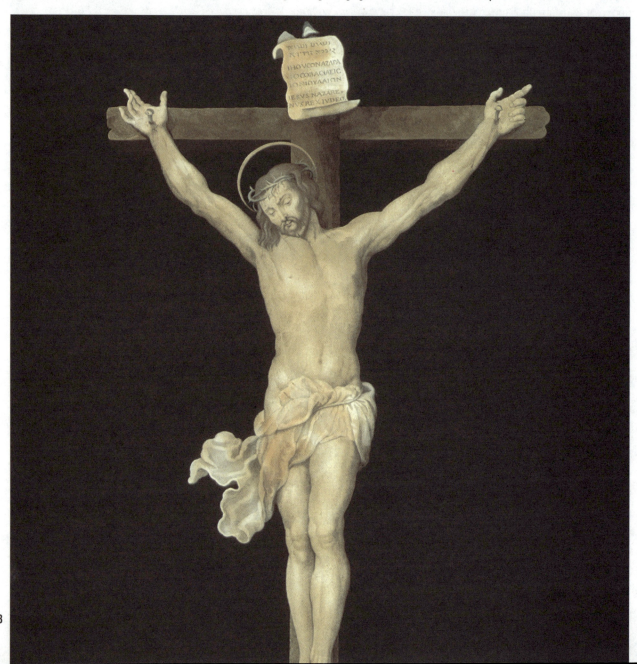

примеров, приведенный в Ветхом Завете, — жертвоприношение. Иудеи должны были совершать в Храме регулярные жертвоприношения, поскольку кровопролитие даровало им прощение на определенный срок. Христиане верят, что кровь Христа, пролитая им на кресте, навеки продлила мир и дала вечное прощение. Сам Бог принял человеческое обличье и принес себя в высшую жертву. Иногда поступок Бога изображают как поступок судьи, вынесшего смертный приговор, а потом севшего на скамью подсудимых, чтобы добровольно понести наказание из любви к обвиняемым.

## ЦЕРКОВЬ

В Новом Завете для обозначения церкви используется греческое слово «экклесия». Оно означает «собор», то есть собрание последователей Иисуса для богослужения. Павел называет церковь «телом Христовым». Церковь — это не здание, но люди.

Однако, к превеликому сожалению, христиане сражались и ссорились между собой, что привело к расколу на разные группы (деноминации). Первый крупный раскол произошел в 1054 г., когда западная церковь отделилась от восточной. В XVI в. с пришествием Реформации произошел еще один раскол, когда реформаторы, или протестанты, решили изменить церковь, вернувшись к тому, что считали изначальным и чистым учением.

# Дороги к миру

*Остановитесь и познайте, что Я — Бог.*

Псалом 45:11

## ХРИСТИАНСКИЕ МОЛИТВЫ

Христианские молитвы возносятся Богу-Отцу через Сына посредством Святого Духа. Молитва основана на догмате Троицы. Она становится формой товарищества, сотрудничества.

### Тишина

Тишина и слушание столь же важны для христианской молитвы, сколь и все слова, вместе взятые. В шумном обществе, среди занятых людей достаточно сложно добиться тишины и прислушаться к себе, не говоря уже о том, чтобы услышать голос Бога или ощутить его присутствие. Молитвы поклонения славят присутствие Бога, в них почти нет слов. Человеку хорошо с любимыми людьми, приятно касаться их, смотреть им в глаза. Слова излишни. Тереза из Лизье ходила в монастырскую часовню, чтобы поклониться Богу. Она говорила: «Он смотрит на меня, а я смотрю на него».

Христиане стремятся войти в присутствие Бога, превознося и прославляя его имя. Верующие уверены, что имеют право предстать перед Богом, потому что Иисус сделал их желанными; кровью своей он искупил грехи и «покрыл» их.

## МОЛИТВА ГОСПОДНЯ

Когда ученики Иисуса попросили его научить молиться, он научил их молитве «Отче наш»:

*Отче наш, сущий на небесах!*
*Да святится имя Твое;*
*да приидет Царствие Твое;*
*да будет воля Твоя и на земле, как на небе;*
*хлеб наш насущный дай нам на сей день;*
*и прости нам долги наши, как и мы прощаем должникам нашим;*
*и не введи нас в искушение,*
*но избавь нас от лукавого.*
*Ибо Твое есть Царство и сила и слава во веки.*
*Аминь.*

Также и Дух подкрепляет (нас) в немощах наших; ибо мы не знаем, о чем молиться, как должно, но Сам Дух ходатайствует за нас воздыханиями неизреченными.

Павел, Римлянам 8:26

Молиться — это как бросать палку в реку в тот миг, когда много людей бросают свои палки. Все они плывут по течению. Река — это Святой Дух.

о. Василий, русский православный священник

Эта молитва Иисуса посвящена трем основным элементам: Богу-Отцу, грядущему царству и прощению:

✧ «Отче» — у христиан основное имя Бога — «Отец». В Ветхом Завете приводится много разных имен Бога — от Господа и Царя до Всевышнего. Иисус больше всего чтил личное обращение.

✧ Царство — Иисус учил своих последователей молиться за грядущее царство, за правление Бога. Царство может проявляться и частично — например, когда меняется к лучшему трудная или несправедливая ситуация, или когда человек находит прощение и исцеление.

✧ Прощение — Иисус учил, что прощение зависит от нашего прощения. Если мы отказываемся прощать других, возникает духовное короткое замыкание. Бог будет судить нас так, как мы судим окружающих.

В Господней молитве прослеживается такая структура: хвала, мольба, раскаяние и снова хвала.

### ОБРАЩЕНИЕ: «СПАСЕНИЕ»

Многие люди либо не были воспитаны в христианской вере, либо являются верующими чисто номинально. Если на протяжении жизни они слышат об Иисусе и верят в душе, что он — Сын Божий, они демонстрируют ему свою приверженность. Они принимают его как своего личного Господа и Спасителя. Это может случиться и после духовных поисков и чтения книг или разговоров с преданными христианами. Это может быть результатом посещения учебных курсов для восприимчивых людей, например «Альфа-курса», набирающего популярность на Западе. Здесь люди собираются и слушают курс лекций об основах христианской веры. Это может быть и результатом посещения большого собрания, возглав-

ляемого проповедником. В таких случаях многие принимают предложение посвятить свою жизнь Христу. Им предлагают молиться вместе и произносить слова, подобные этим:

*Господи Иисусе, обращаюсь к Тебе. Признаю, что я грешен и что Ты умер за меня.*
*Благодарю Тебя и прошу Тебя простить меня и прийти в мою жизнь. Аминь.*

Такой человек называется «спасенным» или «рожденным свыше».

### ПРАВИЛЬНАЯ ЖИЗНЬ

Иисус учил многим добродетелям и правильному образу жизни. Главное — уважать других, как себя самого. Он призывал обращать внимание на душевные побуждения, а не только на ритуалы или внешние действия. Некоторые важнейшие побуждающие элементы его учения содержатся в Нагорной проповеди в Евангелии от Матфея 5—7. Приведенный здесь отрывок именуется «Заповедями блаженства»:

*Увидев народ, Он взошел на гору; и когда сел, приступили к Нему ученики Его. И Он, отверзши уста Свои, учил их, говоря:*

*Блаженны нищие духом, ибо их есть Царство Небесное.*
*Блаженны плачущие, ибо они утешатся.*
*Блаженны кроткие, ибо они наследуют землю.*
*Блаженны алчущие и жаждущие правды, ибо они насытятся.*
*Блаженны милостивые, ибо они помилованы будут.*

## Знаменитые христиане, трудившиеся во имя справедливости

Христиане, которые стремятся жить по Христовым заветам, влияют на всех окружающих. «Спасение» — не личное духовное дело, оно требует установления равных отношений между людьми и стремления к справедливости в обществе.

Например, Мартин Лютер Кинг (1929—1968) был черным священником-баптистом в Атланте, штат Джорджия, США. В 1950-х и 1960-х гг. он возглавил движение за гражданские права негров. Он участвовал в организации мирных акций протеста, включая марш 1962 г. на Вашингтон, когда собралось 250 тысяч человек. Он боролся с расистскими законами и предрассудками, из-за которых черные не могли есть в одних ресторанах и учиться в одних школах с белыми. В апреле 1968 г. он погиб от пули убийцы.

Мать Тереза (1910—1997) руководила организацией католических монашек под названием «Миссионерки благотворительности» в Калькутте, Индия. Они жили в комнате по соседству с индуистским храмом, который называли *Нимрал Хридай*, «Место Чистого Сердца». Мать Тереза помогала больным и умирающим людям, брошенным на улице. Монашки предоставляли им пищу и уход, а безнадежно больные умирали в любви.

Однажды она нашла мальчика, выброшенного на помойку. Она отнесла его в свой приют и вылечила его. В то время она только появилась в городе, и некоторые местные жители бросали в нее камни, опасаясь, что она приехала обращать их в христианство. Индуистский священник увидел, что она несет умирающего в приют, и остановил их. «Это живой бог, а не каменный, и он ходит среди нас!» — сказал он.

Оба этих человека на деле, а не на словах демонстрировали следование христианским верованиям и ценностям. Все люди, независимо от расы и достатка, созданы «по образу и подобию Божьему».

> Итак во всем, как хотите, чтобы с вами поступали люди, так поступайте и вы с ними, ибо в этом закон и пророки.
>
> Иисус, От Матфея 7 : 12
>
> ✳

*Мать Тереза благословляет ребенка в Индии*

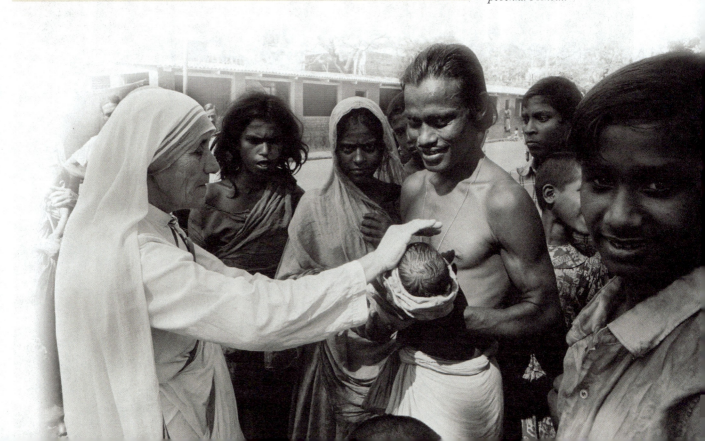

*Блаженны чистые сердцем, ибо они Бога узрят.*

*Блаженны миротворцы, ибо они будут наречены сынами Божиими.*

*Блаженны изгнанные за правду, ибо их есть Царство Небесное.*

*Блаженны вы, когда будут поносить вас и гнать и всячески неправедно злословить за Меня.*

*Радуйтесь и веселитесь, ибо велика ваша награда на небесах: так гнали и пророков, бывших прежде вас.*

Иисус, От Матфея 5:1—12

*Паломник молится у Гроба Господня — по преданию, здесь был похоронен Христос*

# Благоговение и изумление

*Свят, свят, свят Господь Бог Вседержитель, Который был, есть и грядет.*

Откровение 4:8

### СВЯЩЕНСТВО

Христиане стремятся попасть в присутствие живого Бога. И в Ветхом, и в Новом Завете песня ангелов на небесах начинается словами: «Свят, свят, свят...». Их поют или читают во время христиан-

## Дары Духа

В Новом Завете говорится, что Святой Дух поможет людям жить по-христиански, молиться и поклоняться Богу. Там сказано, что Дух приносит сверхъестественные дары, которые могут свидетельствовать о его присутствии. Самый известный из них — «говорение на языках», относительно которого у богословов до сих пор не сложилось единого мнения. Считается, что дар «говорения» — это способность восхвалять Бога на языке, которого человек никогда не изучал. Это может быть древний или живой язык, либо язык ангелов. Обладатели этого дара утверждают, что он повышает настроение и успокаивает, дает возможность молиться, когда не находится правильных слов.

Некоторые христиане также поют хором с помощью этого дара; сей феномен был отмечен в ранней церкви и назван епископом Августином Гиппонским «ликованием», радостным пением без слов. Вот как Павел описывает некоторые дары Духа:

*Дары различны, но Дух один и тот же; и служения различны, а Господь один и тот же; и действия различны, а Бог один и тот же, производящий все во всех.*

*Но каждому дается проявление Духа на пользу: Одному дается Духом слово мудрости, другому слово знания, тем же Духом; иному вера, тем же Духом; иному дары исцелений, тем же Духом; иному чудотворения, иному пророчество, иному различение духов, иному разные языки, иному истолкование языков. Все же сие производит один и тот же Дух, разделяя каждому особо, как Ему угодно.*

1-е Коринфянам 12:4—11

Христиане верят, что Бог будет направлять их, и ощущают его присутствие среди людей.

> Когда я стала христианкой, было такое ощущение, будто у меня появилась новая семья. Всех нас объединяет Святой Дух.
>
> Жаклин,
> мать-одиночка из ЮАР
>
> ✳

ской мессы, напоминая земным верующим, что они стоят пред лицом небес и всех ангелов.

Христианин является частью священства всех верующих, и все они могут в равной степени славить Бога через Иисуса.

Христианские богослужения могут включать движения, музыку и песни, слова, символы и тишину.

### ДРЕВНЕХРИСТИАНСКИЕ СЛУЖБЫ

Первые христиане проводили службы по образу иудейских: пели гимны и псалмы, читали Писания, а затем слушали наставления. Далее следовало таинство святого причастия — вкушение хлеба и вина. Первые христиане, вероятно, вставали во время молитвы, поднимая руки в знак поклонения. Так поступали многие жители древнего мира, включая язычников. Сиденья и кафедры появились в церквах много позже. В православных же церквах по сей день почти нет сидений, и людям иногда приходится выстаивать по многу часов. В наше время некоторые общины практикуют поднимание рук во время молитвы.

## ДВИЖЕНИЯ

Некоторые христиане используют особые телодвижения для поклонения Богу. Они становятся на колени, чтобы продемонстрировать смирение. Они осеняют голову и грудь крестным знамением — причем на Западе и на Востоке люди крестятся по-разному!

Верующие поднимают руки, как уже говорилось выше, или раскрывают ладони, что символизирует открытость перед Богом.

В некоторых православных церквях верующие кланяются и полностью простираются перед Богом, признавая его величие.

## МУЗЫКА

Христианская музыка за много веков впитала в себя разные стили. В ранней церкви служба, должно быть, напоминала службу в иерусалимском Храме, где исполнялись хоралы и использовались музыкальные инструменты. Православные церкви отвергают какие-либо инструменты, признавая лишь мелодию человеческого голоса. В западных монастырях появились песни без аккомпанемента — так называемые хоралы и напевы. В приходских церквях встречались и музыкальные инструменты — как правило, духовые или струнные. Орга́ны появились лишь в последние несколько веков.

*Победоносный агнец Божий — символ жертвы и воскресения Иисуса*

Движения духовного возрождения изобретают новые песни и стили музыки. Братья Уэсли в XVIII в. сочинили целый набор гимнов, а в XIX в. такими организациями как Армия спасения были предложены многие новые песнопения. Современные движения возрождения обычно слагают более короткие песни, припевы и напевы, рассчитанные на многократное повторение. В их основе часто лежат слова Писания:

*Бог есть дух, и поклоняющиеся Ему должны поклоняться в духе и истине.*

Иисус, От Иоанна 4:24

## Проникновение в тайну

*Теперь мы видим как бы сквозь тусклое стекло, гадательно, тогда же лицем к лицу; теперь знаю я отчасти, а тогда познаю, подобно как я познан…*

Павел, 1-е Коринфянам 13:12

### КАРТИНЫ НЕЗРИМОГО

В христианстве существуют несколько символов, которые используются для богослужений и в качестве украшений. Они могут указывать на великие тайны веры. Слова, действия и символы — несовершенные способы запечатлеть и выразить тайну Бога и драматичность самого акта спасения. Великий средневековый богослов Фома Аквинский говорил, что символы лишь «пригодны» для этой задачи, но многое невыразимо в словах, недоступно нашему пониманию.

**Крест** За этим простым предметом скрываются глубины духовности и богословия. Для христиан это не просто орудие пытки и казни, но символ искупления. Иисус умер, чтобы принести людям прощение и искуп-

### Святое причастие

Так стали называть хлеб и вино, которые Иисус делил со своими учениками, после Тайной вечери. Над хлебом и вином читают благодарственную молитву и призывают Святой Дух снизойти на пищу и на верующих. Также повторяют слова Иисуса, сказанные им на Тайной вечери: «Сие есть тело мое… Сие есть кровь моя».

Причащение (также именуемое евхаристией, мессой и Вечерей Господней) — прекрасное таинство общности и причастности к семье. Кроме того, это провозглашение смерти и воскресения Иисуса, важное напоминание о его жертве. Христиане по-разному понимают, каким образом хлеб и вино «являются» телом и кровью Христа. Для одних это лишь символ; для других, вроде католиков, это вещественная реальность; а некоторые признают, что Иисус присутствует в них после благословления, но не в силах определить, каким именно образом. Толкования многочисленны и различны.

ление. Существует немало теорий о том, как именно это было достигнуто, — кровавой ли жертвой, примером ли любви или же победой над злом. Но по сути это тайна.

**Агнец** Это изображение животного, которое было убито и до сих пор носит рану. Агнец жив, он держит победный флаг. Иисус — агнец, убитый в Новом Завете; это отсылка к тайне его искупающей смерти, но также и к его чудесному воскресению.

**Голубь** В Евангелиях Святой Дух представлен в виде голубя, спускающегося с небес.

Именно таким увидел Иисус Дух во время крещения. Голубь ассоциируется с надеждой и миром, нежным присутствием любви. У Духа есть и другая сторона, которую изображают в виде ветра, воды и огня — стихий, что символизируют очищение.

## ДВЕРИ В РАЙ

В христианстве существует несколько особых ритуалов, именуемых «таинствами». Это действия, в которых заключается духовное благословление. У некоторых церквей семь таинств, у других только два. Количество зависит от определения таинств. Если считать таковыми лишь непосредственные деяния Иисуса, то это только крещение и причащение. Если же говорить о деятельности ранней церкви, то конфирмация (миропомазание), рукоположение, брак, исповедь и соборование также причисляются к таинствам. Понятие таинства основано на утверждении, что Бог может благословлять материальные предметы; хлеб и вино могут нести в себе божественное.

## КРЕЩЕНИЕ

Во время крещения человека погружают в воду. Это символизирует смерть старой жизни и начало новой. Кроме того, вода олицетворяет очищение. Некоторые христиане используют полное погружение, окуная кандидата с головой в бассейн или большую емкость; другие льют воду на голову кандидату. Следовать за Иисусом — означает отвернуться от старой жизни и духовно обновиться; Иисус называл это рождением свыше: «Истинно говорю тебе, если кто не родится свыше, не может увидеть Царствия Божия» (От Иоанна 3:3).

## КОНФИРМАЦИЯ И ПОМАЗАНИЕ

В библейские времена было принято возлагать на человека руки, чтобы прочитать

## Воскресение

Иудеи со временем пришли к вере во всеобщее воскресение из мертвых. Во времена Иисуса эта вера была распространенной, хотя и не повсеместной. Согласно первым христианам, Иисус ступил в новую жизнь раньше всех. Поэтому его назвали «первенцем из мертвых» («И Он есть глава тела Церкви; Он — начаток, первенец из мертвых, дабы иметь Ему во всем первенство» [Колоссянам 1 : 18]).

По Библии, воскресший Иисус несколько раз являлся своим ученикам, включая один случай, когда он «явился более нежели пятистам братий в одно время» (1-е Коринфянам 15 : 6). Воскресение Иисуса занимает важнейшее место в христианстве, поскольку оно стало подтверждением того, что Иисус — Сын Божий, переборовший смерть. Более того, апостол Павел даже заявлял, что не будь Иисус воскрешен из мертвых, «вера ваша тщетна: вы еще во грехах ваших» (1-е Коринфянам 15 : 17).

благословение. Так делают при принятии человека в сан и конфирмации. Конфирмация распространена в церквях, где крестят младенцев. Эта церемония дает возможность молодому или взрослому человеку высказаться и дать обещания от чистого сердца.

Руки также возлагают при благословении больных. В молитве за больного нередко используют елей — освященное оливковое масло. Подразумевается, что елей символизирует Святой Дух, а в древнем мире оливковое масло использовали и в медицинских целях.

## ОКНА В РАЙ

Православные христиане используют в своих обрядах священные изображения Христа и святых, которые называются иконами. Иконописцы во время работы молятся и постятся, а готовую икону освящает священник. Иконы — это своего рода наглядные пособия, но в то же время и способ хоть мельком узреть незримое, крошечные окошки в Рай, пусть и в символической форме.

## Празднества

*Впрочем, братия мои, радуйтесь о Господе.*

Павел, Филиппийцам 3:1

Христиане отмечают несколько праздников. Основные христианские торжества — Рождество, Пасха и Троица.

## РОЖДЕСТВО

Этот праздник посвящен рождению Иисуса и поэтому называется Рождеством Христовым. Его начали праздновать в истории церкви относительно поздно, после принятия христианства Римской империей в IV в. н. э. Рождество пришло на смену языческому празднику бога Солнца — Сатурналиям. Иисус родился не 25 декабря (6 января по старому стилю). Это лишь его официальный день рождения; в действительности же он, вполне возможно, родился в феврале или начале марта, а может даже в середине лета.

Рождество — это праздник света. Во многих церквях используют золотые облачения и скатерти, зажигают яркие свечи и поют веселые песни. В некоторых народных рождественских песнопениях содержится глубокая истина о вере. Они посвящены воплощению Бога в человека, инкарнации.

*Сцена рождества Христова из Мексики, в центре — фигурка Христа-младенца*

## ПАСХА

Пасха (от древнееврейского *Песах*) празднует воскресение Иисуса. Пасхальному воскресенью предшествует Страстная неделя, а в Великую пятницу вспоминают день смерти Иисуса. Она называется «великой», несмотря на драматичность события, поскольку христиане верят, что Иисус умер во спасение человечества. Пасхальные обычаи по всему миру разные, но прихожане часто поднимают ввысь зажженные свечи и восклицают: «Иисус воскрес! Воистину воскрес!»

## ТРОИЦА

*Пятидесятники на богослужении*

Этот праздник, также именуемый Пятидесятницей, посвящен сошествию Святого Духа на первых учеников (иудеи также празднуют его, но в честь вручения Торы Моисею). В Библии это событие описано

**Дни ангелов**

Многие христиане отмечают дни ангелов, посвященные святым. В Новом Завете «святыми» называются все верующие — как призванные и избранные.

Многие верующие называют «святыми» выдающихся мужчин и женщин, героев веры. Протестантские церкви не решаются на такой шаг, подчеркивая, что мы все ра́вно святы, хотя и далеки от совершенства; совершенство наступит только тогда, когда мы войдем в рай. Но каждый может по-своему восхищаться религиозными героями. Многие особо чтят Деву Марию, потому что она родила Христа.

весьма драматично, с порывами ветра и языками пламени:

*При наступлении дня Пятидесятницы все они были единодушно вместе. И внезапно сделался шум с неба, как бы от несущегося сильного ветра, и наполнил весь дом, где они находились. И явились им разделяющиеся языки, как бы огненные, и почили по одному на каждом из них. И исполнились все Духа Святого, и начали говорить на иных языках, как Дух давал им провещевать.*

Деяния 2:1—4

## ПАЛОМНИЧЕСТВО

Для христиан некоторые места имеют особое значение, поскольку они связаны с событиями в жизни Иисуса или различными святыми. Так, Иерусалим всегда был особым местом паломничества — в этом городе Иисус проповедовал, был распят и воскрес. Город Рим — особое место для католиков, поскольку там принял мученичество и был похоронен апостол Павел, здесь находится резиденция его преемников — Римских Пап. Паломничество возникло, когда люди собирались у гробниц первых мучеников, читали молитвы и причащались. Когда Римская империя стала относиться к христианству терпимее, паломники совершали поездки в Святую землю, чтобы пройти по Виа Долороса — дороге, по которой Иисус нес крест к Голгофе. Кроме того, они, как и сегодня, молились в Храме Гроба Господня у гробницы, в которой, согласно преданиям, лежал Иисус.

Католики верят, что Дева Мария являлась на земле в разное время и в разных местах, призывая людей приходить и молиться на этих священных местах, ибо они исполнены целительной силы. Одно такое место — город Лурд на юге Франции. Считается, что там в 1858 г. Дева явилась святой Бернадетте, когда той было всего 14 лет.

Паломничества — это походы в далекие места. Бог повсюду, но некоторые места считаются особенно благословенными, и многие там молятся годами. Люди утверждают, что там их покидают заботы, а иногда уходит боль или появляется неведомая доселе внутренняя сила. Паломничества бывают веселыми, праздничными и радостными, а также серьезными, тихими и задумчивыми.

# Сегодня

*Иисус Христос вчера и сегодня и во веки Тот же.*

Евреям 13:8

## ЕДИНСТВО

Основная проблема сегодняшней христианской церкви — ее разделенность. Некогда единое духовное течение, исполненное «семейного» духа, за столетия раскололось на множество деноминаций. Такова уж человеческая природа, что без споров не обошлось. Политика и власть также оказали свое воздействие. Стоило императору Константину в IV в. н. э. сделать христианство официальной религией Римской империи, как возникли проблемы компромисса и статуса. Крупное разделение церквей на западную и восточную произошло в 1054 г., а сама западная церковь в XVI в. раскололась во время Реформации.

Отдельные ветви церкви могут быть традиционными или основными в некоторых странах (например, англиканская церковь), другие подвергаются гонениям или ограничиваются в свободе вероисповедания. Это приводило к борьбе и миграциям — к примеру, отцы-пилигримы уплыли из Англии в Северную Америку.

Я не чувствовал ничего особенного. Люди приходили и уходили, молча останавливались. Вдруг я заметил пожилую женщину, которая стояла на коленях и трогала место, где лежало тело Иисуса. Они тихо плакала. Потому и я стал утирать слезы с глаз. Это меня растрогало. Я прошел такой путь, но понадобился еще один верующий, чтобы я начал молиться.

Марк, паломник в Храме Гроба Господня

Я ехала в Лурд с надеждой. Я боялась, что ослепну. А уже там меня коснулся Бог. Когда я вернулась, глаза остались такими же, но мне уже не было страшно.

Ева, паломница в Лурде из Польши

✳

## Возрождение и рост церквей

На протяжении церковной истории спора-дически являлись знаки, чудеса и события, упомянутые на страницах Нового Завета. Случались виде́ния, исцеления, говорение на иных языках и пророчества. Однако в XX в. все эти события стали встречаться гораздо чаще, чем во все другие периоды со вре-мен первых веков церкви. Возрождение таких даров, сопровождаемых ощущением личного благословения Святого Духа, на-чалось в 1900-х гг. и широко распростра-нилось. В 1960-х и 1970-х гг. подобные опыты возрождения достигли основных церквей, вроде Римско-католической и ан-гликанской. Сегодня, в начале XXI в., са-мыми быстрорастущими христианскими общинами являются харизматические и пя-тидесятнические. И что гораздо важнее — особенно быстро растет церковь в странах развивающегося мира. На Западе церкви с трудом находят последователей, но в Латин-ской Америке, Африке и некоторых облас-тях Дальнего Востока наблюдается фено-менальный рост паствы. Службы там могут длиться по нескольку часов, но прихожан это не отпугивает. В Сеуле (Корея) есть мега-церковь с многотысячной паствой, а бразильские и африканские миссионеры прибывают в Европу, чтобы обращать в хри-стианство народы, некогда обратившие их самих. Эти регионы менее склонны к мате-риализму и более открыты духовному.

Иногда во имя Христа (и государст-венной безопасности) проливалась кровь — католики сжигали протестантов как ерети-ков, а протестанты казнили католиков как предателей. Это невероятно постыд-ный факт и пятно на лице христианства.

В XX в. предпринимались попытки объ-единить европейские церкви. Опыт двух катастрофических мировых войн способ-ствовал этому побуждению, и в 1948 г. был основан Всемирный совет церквей. Счита-лось, что в Европе не будет мира, пока не будет мира между церквями.

До 1960-х гг. католикам практически не разрешалось посещать другие хрис-тианские службы. Многие ограничения были сняты реформами Второго Ватикан-ского Собора, который недвусмысленно поддержал экуменизм. Термин «экумени-ческий» происходит от греческого слова «ойкумена», что значит «обитаемый мир». Христиане живут в «одном мире», поэто-му им следует собраться воедино. Со-вместная работа также подает хороший пример посторонним и неверующим. Спор-ные вопросы и расхождения сохрани-лись по сей день, но сегодня между церк-вями гораздо больше доверия и сердечной близости.

## СВОБОДА

В некоторых частях развивающегося ми-ра, например в Латинской Америке, сло-жилась система молитвы, богослужений и политического протеста.

Это называется «теологией освобожде-ния», и она широко распространена в мест-ных римско-католических церквях. Люди собираются в дружеские набожные об-щины, возглавляемые монашками, мир-скими лидерами или священниками. Они славят Бога, причащаются, читают Библию, а потом прилагают услышанное к повсед-невным проблемам — например, собирают школьные библиотеки или чистят засорившуюся канализацию.

## ЭТИКА

Сегодня немало спорят о традиционных христианских ценностях в современном обществе. Особенно много говорят о роли женщин в церкви. В прошлом им не позволялось занимать руководящие позиции (за исключением игумений в монастырях).

В истории были праведные и заметные женщины-святые, но обычно они не проповедовали и не совершали таинств. В XX и XXI вв. некоторые церкви позволили женщинам принимать сан. Православная и католическая церкви не пошли на такой шаг, заявив, что это противоречит церковной традиции. Обе конфессии пытаются найти способ признать права женщин, но при этом все же не допустить посвящения их в духовный сан.

- ♦ Когда оно возникло? В начале I в. н. э.
- ♦ Основатель. Иисус из Назарета (ок. 4 г. до н. э. — 33 г. н. э.).
- ♦ Бог. Бог как Троица, то есть три лица в одном: Отец, Сын и Святой Дух. Невидим, трансцендентен, но деятелен в миру.
- ♦ Фигура искупителя. Иисус считается искупителем грехов человечества. Он — Бог, ставший человеком, а его смерть на кресте принесла прощение и возможность духовных отношений с Богом. Прощение нельзя заслужить: Бог первым обратился к человечеству, умерев на кресте и предложив свое благословение.
- ♦ Писания. Христиане пользуются иудейскими Писаниями (Ветхим Заветом) и Новым Заветом. Он состоит из 27 книг, включающих Евангелия об Иисусе, 21 послание, одну книгу о первых христианах и одну книгу пророчеств.
- ♦ Верования. Бог есть Троица. Иисус есть воплощение Бога. Иисус умер за человечество, Иисус воскрес из мертвых в новом, духовном теле, Святой Дух может обитать в верующих.
- ♦ Святыня. Церковь — это собрание людей. Здания церквей бывают простыми и строгими или богато украшенными. В церкви всегда есть стол или алтарь для причащения и место для чтения Библии и проповедей.
- ♦ Священная пища. Хлеб и вино освящают и вкушают в память о Тайной вечере Иисуса. Хлеб символизирует его тело, вино — его кровь.
- ♦ Основные празднества. Рождество посвящено рождению Иисуса, Пасха отмечается в память о его смерти и воскрешении, Троица посвящена схождению Святого Духа.
- ♦ Ключевые символы. Крест; огонь, вода и голубь — символы Святого Духа.

# Ислам

*Во имя Аллаха милостивого, милосердного!*

*Хвала — Аллаху, Господу миров...*

Коран, Сура 1:1—2

Мусульмане считают свою религию изначальной яв-
ленной верой. Они верят, что ислам был дан Адаму
и пророкам, включая Авраама, Моисея, Давида
и Иисуса. Позднее, в начале VII в. н. э., в Аравии
появился новый пророк, Мухаммед, который
подтвердил древние откровения. Его проро-
ческие изречения заучивали наизусть, а позже собрали в священную книгу — Коран.

## ИСЛАМ И АЛЛАХ

Слово «ислам» происходит от арабского корня «слм», означающего мир или покорность. Оно обладает двойным значением — мусульмане верят, что им надлежит покориться воле Бога (Аллаха) и таким образом прийти к миру. «Мусульманин» значит «покоряющийся» (от того же арабского корня).

В первой *суре* (главе) Корана, молитве Фатихе, говорится о покорности и пути к миру:

> Во имя Аллаха милостивого, милосердного!
> Хвала — Аллаху, Господу миров,
> милостивому, милосердному,
> царю в день суда!
> Тебе мы поклоняемся и просим помочь!
> Веди нас по дороге прямой,
> по дороге тех, которых Ты облагодетельствовал,
> не тех, которые находятся под гневом,
> и не заблудших[1].

Слово «Аллах» на арабском значит «Бог». Сегодня оно означает «один Бог» или «единственный Бог». Когда-то арабские племена поклонялись многим богам, а Аллах возглавлял пантеон как главное божество, вместе со своей спутницей Аллат и тремя дочерями.

Мухаммед узнал о едином Боге иудеев и христиан в своих странствиях, и признал в Аллахе «единственного Бога», отказавшись от поклонения его спутницам и отвергнув мысль, будто у него могут быть потомки.

## ЗЕМЛЯ

Аравию населяли автономные племена, которыми правили могущественные се-

мейные кланы. Земля была зажата империями — христианской Византией на западе и севере и Персией на востоке. По Аравийскому полуострову пролегали многочисленные торговые маршруты, проходившие через Мекку, за счет чего город процветал. Достопримечательностью Мекки было древнее строение, Кааба — кубической формы сооружение, в котором хранились изображения разных божеств. В фундаменте Каабы покоится огромный черный камень, якобы упавший с небес. Скорее всего, это был метеорит. Издавна языческие племена приносили на нем в жертву животных, из-за чего камень почернел. Они ежегодно совершали к камню паломничество и водили вокруг него хороводы, молясь о плодородии.

Мухаммед изменил представления о Каабе и паломничестве. Согласно исламским верованиям, Кааба была первым жилищем Бога, построенным Адамом и позже восстановленным Авраамом. Камень стал священным камнем, на котором Авраам чуть не принес в жертву своего сына Измаила.

### В двух словах

Мухаммед жил в Мекке (по-арабски — Макка), главном торговом центре Аравии того времени. Сначала он и его последователи подвергались оскорблениям и гонениям. Они перебрались в Медину, и после нескольких сражений Мухаммед возглавил арабские племена. Возможно, он не намеревался идти дальше, считая себя лишь арабским пророком, но после его смерти его преемники взяли под свой контроль земли в Персидской империи и Византийской Римской империи. Они захватили Сирию, Северную Африку и побережье Персидского залива. Ислам стал одной из мировых религий и весомой политической силой.

*Пещера Мухаммеда на горе Хира. Здесь, по преданию, Мухаммеду явилось Божье откровение*

---

1 Здесь и далее цитируется по изданию: Коран. Пер. акад. И. Ю. Крачковского. М.: Изд-во «Дом Бируни», 1990.

### Дух

Ислам — глубокая, но простая вера. Суть его ясна и недвусмысленна: есть только один Бог, Творец, а его воля явлена в словах его пророков, главным образом в Коране.

В исламе существуют предписанные ритуалы для ежедневных молитв и поклонений, есть и другие обязанности верующих. Фигуры Искупителя нет; Мухаммед говорил, что он лишь посланник. Мусульмане почитают Иисуса, но только как пророка.

### Символ

Символов Бога нет. Пятиконечная звезда олицетворяет пять столпов мусульманской религии; луна символизирует творение Божье, а восход новой звезды над убывающей луной — восхождение ислама.

## Первые шаги

> *Читай! Во имя Господа твоего, который сотворил —*
> *Сотворил человека из сгустка.*
> *Читай! И Господь твой щедрейший,*
> *Который научил каламом,*
> *Научил человека тому, чего он не знал.*

Сура 96:1—5

### ТОРГОВЕЦ И ИСКАТЕЛЬ

Мухаммед осиротел в раннем детстве. Он вырос в Мекке в доме своего дяди Абу-Талиба, могущественного и влиятельного человека в племени курейшитов. Мухаммед провел добрую половину жизни (с 582 по 610 г. н. э.), занимаясь торговлей, сопровождая караваны верблюдов и перевозя скот, кожаные изделия и благовония из Йемена. В своих странствиях Мухаммед, вероятно, посетил Египет, Сирию и Персию. Путь в Сирию пролегал мимо древних

### Откровение

Мухаммед поднялся на гору Хира на семнадцатую ночь Рамадана в 610 г. Там ему было видение — позже он решил, что ему явился ангел Джабраил (Гавриил). Ангел схватил его, и Мухаммед не осмеливался пошевелиться. Он услышал приказ: «Читай!» Мухаммед был неграмотен, но с его губ слетела первая строчка Корана.

Какое-то время он терзался страхами и сомнениями — что его схватило? Пустынный дух (*джинн*)? Неужели он уподобился одержимым шаманам, племенным целителям? Ему снова явился ангел — огромный, возвышающийся до небес. Мухаммед в ужасе побежал домой к Хадидже, которая обратилась за советом к *ханифу* Вараке. Варака предположил, что это был призыв стать пророком.

Второе откровение явилось лишь спустя два года, длилось оно дольше и происходило при свете дня. После откровений Мухаммед бывал изнеможен, дрожал от холода и кутался в одеяло. Ему было тягостно, и во время откровений он сидел осунувшись, опустив голову на колени. По его словам, то, что он слышал, напоминало колокольный набат.

развалин, в том числе скрытого в скалах города Петры и библейских мест. Считалось, что главный источник в Петре открыл сам Моисей, и он по сей день известен как *Аин Муса*. В 595 г. Мухаммед поступил на службу к своей дальней родственнице Хадидже, которая была намного старше его. Вскоре они поженились. На женщину произвели впечатление его хорошая репутация и рассказы о том, что монахи признавали в нем праведника. (Об этом ходит множество историй; к примеру, монах Бахира увидел на нем печать пророка, когда он был еще ребенком.)

## ИСКАТЕЛЬ

Мухаммед стал одним из *ханифов*, искателей из окрестностей Мекки. Они знали истории из Библии. Они верили, что Авраам ходил по их земле и посвятил Аравию единому Богу, Богу иудеев и христиан. Они называли его «Аллахом» по имени своего главного божества. Поблизости жили разные христианские общины, вроде гонимых несториан и коптов из Египта и Абиссинии. Кроме того, в Аравии существовали поселения иудейских торговцев и персидских зороастрийцев со своей

особой разновидностью монотеизма. Нам известны четыре выдающихся *ханифа*, которые были современниками Мухаммеда. Трое из них со временем приняли разные формы христианства; четвертый, Саид, покинул Мекку как изгнанник и в поисках истины обращался к разным учителям. Услышав, что в Мекке появился новый пророк, Саид отправился обратно, но по пути был убит.

Мухаммед знал истории из Ветхого Завета и слышал отрывки из Евангелий. Должно быть, он видел молящихся христианских монахов (вдоль восточного побережья Аравии располагались многочисленные монастыри). Он начал все чаще удаляться в пещеру на горе Хира, и там погружался в глубокие раздумья.

*Мечеть в Медине*

## ПРОРОК

В 615 г. Мухаммед решил, что настало время проповедовать публично. Вскоре у него появилась в Мекке небольшая группа последователей, но племенные вожди высмеивали и преследовали их, опасаясь, что нападки на идолов и языческих богов помешают торговле и поставят под угрозу успех паломничества. Некоторые мусульмане нашли убежище в христианской Абиссинии, и в конце концов основали поселение в оазисе Ятриб (современная Медина).

Мухаммед присоединился к ним 15 июня 622 года. Так началась Хиджра — мусульманская эпоха, и с этой даты ведется исламское летоисчисление.

Мусульманская община была вынуждена вступать в сражения, защищаясь от враждебных племен и некоторых иудейских общин. В 632 г. Мухаммед подчинил себе Мекку. В тот же год он умер от лихорадки. Абу Бекр, близкий друг и соратник Мухаммеда, стал его преемником. В последние годы жизни Мухаммед командовал многими битвами и сам сражался в них.

Ислам объединил Аравию. Позднее общество раскололось из-за соперничающих претендентов на роль халифа, или калифа («преемника»). Большинство образовали суннитский ислам, а остальные — шиитский.

---

*Ни единожды не являлось мне откровение, чтобы мне не казалось, будто саму душу вырывает из меня.*

Мухаммед

---

## Ан Нур — Свет

Бога никогда не изображают на картинах — ислам запрещает всякие изображения, которые могут стать идолами. Бог неисповедим и бесплотен. В одной суре Корана Бог сравнивается со светом:

*Аллах — свет небес и земли: Его свет — точно ниша; в ней светильник; светильник в стекле; стекло — точно жемчужная звезда. Зажигается он от дерева благословенного — маслины, ни восточной, ни западной. Масло ее готово воспламениться, хотя бы его и не коснулся огонь. Свет на свете! Ведет Аллах к Своему свету, кого пожелает.*

Сура 24 : 35—37

---

# Цель

---

*Хвала — Аллаху, Господу миров…*

Сура 1 : 2

## ОДИН БОГ

Для арабоязычных Аллах — просто «Бог», поскольку это арабское слово переводится как «один Бог». Это слово однокоренное с семитским «Элоах», одним из ветхозаветных имен Бога.

Природа Бога описывается в *Бисмилле* — молитве, открывающей каждую суру Корана; правоверные мусульмане читают ее на протяжении всего дня. С нее начинается каждая молитва, ею благословляют пищу.

*Во имя Аллаха милостивого, милосердного.*

*Бисмилля ир-рахман ир-рахим*

Слова «милостивый» и «милосердный», *рахман* и *рахим*, связаны с семитским словом, означающим «утроба».

Бог свят и трансцендентен, но он также милостив. В милости своей он ниспослал Коран нам в наставление — так считают мусульмане. Он не остался равнодушным на небесах, но направляет своих посланников, чтобы они привели человечество обратно к нему.

## БОГ БЛИЗКО

Кроме того, Бог имманентен, близок к своему творению. В суре 57:3 сказано:

*Он — первый и последний, явный и тайный, и Он о всякой вещи знающ.*

Бог находится рядом с людьми и любит их:

*Скажи: «Если вы любите Аллаха, то следуйте за мной, будет любить вас тогда Аллах и простит вам ваши грехи» — поистине, Аллах — прощающий, милосердный.*

Сура 3:31

Мы сотворили уже человека и знаем, что нашептывает ему душа; и Мы ближе к нему, чем шейная артерия.

Сура 50:16

✳

*Мальчик-мусульманин складывает руки и читает свои личные молитвы*

Мусульмане составили список 99 имен Бога, явленных в Коране. Это признаки, названия и описания его природы и деятельности:

Ар-Рахман, Милостивый
Ар-Рахим, Милосердный
Аль-Малик, Верховный Господин
Аль-Куддус, Святой
Ас-Салям, Источник Мира
Аль-Мумин, Хранитель Веры
Аль-Мухаймин, Защитник
Аль-Азиз, Могучий
Аль-Джаббар, Покоряющий
Аль-Мутакаббир, Величественный
Аль-Халик, Творец
Аль-Бари, Развивающий
Аль-Мусаввир, Образующий
Аль-Гаффар, Прощающий
Аль-Каххар, Подавляющий
Аль-Ваххаб, Дарующий
Аль-Раззак, Заботящийся
Аль-Фаттах, Открывающий
Аль-Алим, Всезнающий
Аль-Каби, Сжимающий
Аль-Басит, Расширяющий
Аль-Хафид, Попирающий
Ар-Рафи, Возвышающий
Аль-Муиз, Чествующий
Аль-Музиль, Бесчестящий
Ас-Сами, Всеслышащий
Аль-Басир, Всевидящий
Аль-Хакам, Судья
Аль-Адль, Справедливый
Аль-Латиф, Неуловимый
Аль-Хабир, Сознающий

Аль-Халим, Воздерживающийся
Аль-Азим, Великий
Аль-Гафур, Всепрощающий
Аш-Шакур, Восприимчивый
Аль-Али, Всевышний
Аль-Кабир, Величайший
Аль-Хафиз, Избавитель
Аль-Мукит, Держатель
Аль-Хасиб, Считающий
Аль-Джалиль, Возвышенный
Аль-Карим, Щедрый
Аль-Ракиб, Бдительный
Аль-Муджиб, Отзывчивый
Аль-Васи, Всеобъемлющий
Аль-Хаким, Мудрый
Аль-Вадуд, Любящий
Аль-Маджид, Славнейший
Аль-Баит, Воскреситель
Аш-Шахид, Свидетель
Аль-Хакк, Истина
Аль-Вакиль, Доверенный
Аль-Кави, Сильнейший
Аль-Матин, Твердый
Аль-Вали, Друг-Покровитель
Аль-Хамид, Похвальный
Аль-Мухси, Считающий
Аль-Мубди, Создатель
Аль-Муид, Восстановитель
Аль-Мухйи, Дающий Жизнь
Аль-Мумит, Творец Смерти
Аль-Хай, Живой
Аль-Кайум, Самосущий
Аль-Ваджид, Находящий
Аль-Маджид, Благородный
Аль-Вахид, Единственный
Аль-Ахад, Один
Ас-Самад, Вечный
Аль-Кадир, Способный

Аль-Мукрадир, Могущественный
Аль-Мукаддим, Способствующий
Аль-Муакхир, Отсрочивающий
Аль-Авваль, Первый
Аль-Акхир, Последний
Аз-Захир, Явленный
Аль-Батин, Скрытый
Аль-Вали, Правитель
Аль-Мута-Али, Высочайший
Аль-Барр, Источник всего Добра
Аль-Тавваб, Принимающий Покаяние
Аль-Мунраким, Мститель
Аль-Афув, Милующий
Ар-Рауф, Милостивый
Малик-уль-Мулик, Вечный Владелец Владычества
Дул-Джалал-Вал-Икрам, Господин Величества и Щедрости
Аль-Муксит, Беспристрастный
Аль-Джаме, Собиратель
Аль-Гани, Самодостаточный
Аль-Мугни, Обогатитель
Аль-Мани, Предохранитель
Ан-Нафи, Благосклонный
Ад-Дарр, Терзающий
Ан-Нур, Свет
Аль-Хади, Наставник
Аль-Бади, Несравненный
Аль-Баки, Вечносущий
Аль-Варит, Верховный Наследник
Ат-Рашид, Направляющий на Верный Путь
Ас-Сабур, Терпеливый

Цель мусульманина — вернуться к Богу, его Владыке и Господину:

*Разве вы думали, что Мы создали вас забавляясь и что вы к нам не будете возвращены?*

Сура 23:115

Правоверные мусульмане, признанные достойными, будут после смерти призваны в Рай, чтобы жить там в свете и присутствии Бога.

## ТАВХИД

Тавхид — это вера в то, что существует только один истинный Бог. Бог — высшая сущность, он единичен. Политеизм отвергается как «идолопоклонство», или *ширк*. Коран отвергает всякие допущения, что у Бога могла быть спутница, как учили арабы-язычники, или потомки. Божественность Христа, а также всякие представления о Троице также отвергаются:

*И вот сказал Аллах: О'Иса, сын Марйам! Разве ты сказал людям: «Примите меня и мою мать двумя богами кроме Аллаха?»*

Сура 5:116

Коран последовательно утверждает, что Богу нет равных и что у него не может быть сына:

*И говорят они: «Взял Себе Милосердный сына». Вы совершили вещь гнусную...*

Сура 19:88—89

## СУД

Бог милосерд, но он также и свят. Снова и снова Коран предупреждает о грядущем Судном дне:

*О те, которые уверовали! Расходуйте из того, чем Мы вас наделили, прежде чем придет день, когда не будет ни торговли, ни дружбы, ни заступничества. А неверные, они — обидчики.*

Сура 2:254

# Учители Пути

*И когда приходил к ним посланник от Аллаха, подтверждая истинность того, что с ними, часть тех, кому даровано было писание, отбрасывали писание Аллаха за свои спины, как будто бы они не знают.*

Сура 2:101

## ПЕЧАТЬ ПРОРОКОВ

Мухаммед считается последним в длинном ряду пророков. Его называют «Печатью пророков», ибо он скрепляет все, что произошло до него. «Мухаммед... [был только] посланником Аллаха и печатью пророков» (сура 33:40).

Предполагается, что после него пророков больше не будет. Мухаммед раскрыл точное, правильное Божье откровение, утерянное или искаженное до него. Теперь оно навеки заключено в слова Корана.

Сам Мухаммед был всего лишь человеком, *расулом* (посланником) и *наби* (пророком).

Все уверовали в Аллаха, и Его ангелов, и Его писания, и Его посланников. «Не различаем мы между кем бы то ни было из Его посланников». Они говорят: «Мы услышали и повинуемся! Прощение Твое, Господи наш, и к Тебе — возвращение!»

(Сура 2:285)

✳

**Пророки и посланники**

Согласно Корану, Бог передавал свое слово с разными посланниками испокон веков, начиная с первого человека, Адама. Слово «посланник» на арабском звучит *расул* — это примерно то же, что «апостол» в христианстве. Это человек, приносящий послание. Пророк называется *наби* — так же, как иудейские пророки в Ветхом Завете.

В Коране по имени упоминаются двадцать пять пророков. В *хадисах* перечисляются всего 124 тысячи пророков, из которых 313 являются посланниками. Считается, что все пророки, не только посланники, творили чудеса.

Некоторые из упомянутых в Коране пророков встречаются в Библии:

*И даровали Мы ему [Аврааму] Исхака и Йакуба; всех Мы вели прямым путем; И Нуха Мы вели раньше, а из его потомства — Да'уда, Сулаймана, и Аййуба, и Йусуфа, и Мусу, и Харуна. Так воздаем Мы делающим добро!*

Сура 6:84

Впрочем, не все пророки пересекаются с библейскими. Например, Худ, Салих и Лукман считаются арабскими пророками.

## ИИСУС («ИСА»)

Мусульмане почитают Иисуса как пророка, предшествовавшего Мухаммеду. На арабском его называют «Иса аль-Маси», «Иисус-Мессия». Он был рожден от Девы Марии и исцелял больных. Он — «слово Божье». Здесь мусульмане и христиане во многом сходятся, но в исламе Иисус — лишь *расул* и *наби*, как Мухаммед:

*Он [Иисус] сказал: «Я — раб Аллаха, Он дал мне писание и сделал меня пророком».*

Сура 19:30

Смерть Иисуса — тоже предмет разногласий между мусульманами и христианами. Судя по всему, Коран учит, что Иисус не был распят. Вот что говорится в суре 4:157—8:

*И за их слова: «Мы ведь убили Мессию, Ису, сына Марйам, посланника Аллаха» (а они не убили его и не распяли, но это только представилось им... нет, Аллах вознес его к Себе: ведь Аллах велик, мудр!*

Большинство мусульман понимают это так, что смерть Иисуса была иллюзией — на самом деле он вознесся на небеса. Впрочем, арабский текст допускает различные толкования.

## КНИГИ

Посланникам были даны Книги. В Коране упоминаются Тора Моисея, Псалмы Давида и Евангелие Иисуса. Мусульмане считают, что эти книги были извращены иудеями и христианами, которые в Коране именуются «людьми Книги».

В Коране послание Бога изложено полностью. Справедливости ради стоит отметить, что нет никаких текстовых свидетельств об изменениях в ранних книгах,

*Арабский текст из Корана*

но мусульмане просто полагают, что так оно было.

Во времена Мухаммеда Коран (что значит «Чтение») передавался из уст в уста. Верующие заучивали суры наизусть, а потом читали их во время молитвы. Постепенно они были записаны на первых доступных материалах — пергаменте, листьях, костях. Текст был записан через несколько лет после смерти Мухаммеда по приказу Абу Бекра и его соратника Омара. Фрагменты и рукописи были собраны и сверены, после чего был составлен окончательный текст.

## ИСПОЛЬЗОВАНИЕ КОРАНА

Мусульмане читают отрывки из Корана во время молитвы и учат его на арабском, хотя он переведен на многие языки. Считается, что звучание оригинального арабского текста красиво и ритмично. Соратник Мухаммеда Омар, например, принял ислам, когда услышал несколько стихов: он утверждал, что они пленили его сердце. Мусульмане стремятся выучить весь Коран наизусть. Они считают, что чтение его может наставить и принести ощущение покоя.

### ХАДИС И ШАРИАТ

Помимо Корана существует множество преданий о деяниях и словах Мухаммеда и других пророков, в том числе и Иисуса. Эти предания называются *хадисами*. Они не считаются откровениями, но почитаются. Полное собрание преданий о жизни и мудрости Мухаммеда называется Сунна.

*Шариат* — это собрание законов или наставлений, которые распространяются на шесть сфер: религию, сохранение жизни, наследство, имущество, честь и ум. Название происходит от слова «шариа» — надлежащий путь. Этот свод законов основан на Коране и общинных традициях.

*Кааба в Мекке*

## Единый Бог

Первый и наиболее священный постулат ислама гласит, что есть только один Бог. Доктрина единства, *тавхид*, отвергает связь каких-либо существ с Богом.

Бог — Творец всего сущего. В одном из стихов Корана можно усмотреть аналогию с современной теорией Большого взрыва, согласно которой вселенная когда-то была бесконечно малой точкой материи, разросшейся в результате взрыва:

*Разве не видели те, которые не веровали, что небеса и земля были соединены, а Мы их разделили и сделали из воды всякую вещь живую. Неужели они не уверуют?*

Сура 21:30

Интересно также, что живые существа на 50—90% состоят из воды, а вода необходима для жизни.

## Сокровищница сердца

*Поклоняйтесь Милосердному!*

Сура 25:60

Мусульмане учат, что их вера основана на пяти столпах: исповедание веры (*Шахада*), молитва (*салят*), милостыня (*закят*), пост (*саум*) и паломничество (*хадж*).

### ШАХАДА

Мусульманский символ веры называется *Шахада*. Это формула признания единобожия: «Нет бога кроме Аллаха, и Мухаммед — Посланник Его». Новообращенный произносит эту фразу при свидетелях-мусульманах. По-арабски она звучит так: *Ла ила-ха иллаллах Мухаммад расулуллах*.

### МОЛИТВА

Мусульманам полагается молиться пять раз в день, читая стандартные молитвы, *салят*, а также возносить собственные молитвы, *дуа*. Они молятся в мечети, дома или в любом другом месте. В мусульманских странах они останавливаются на улице и расстилают молитвенный коврик, садясь лицом к Мекке. Коврик содержится в чистоте — это знак почтения к Богу. В мечети направление Мекки указывает специальная ниша; она называется *кибла*.

### МИЛОСТЫНЯ

Мусульманам предписано отчислять какую-то часть годового дохода на благотворительность. Этот *закят* обычно составляет 2,5%, хотя фермерам полагается отдавать 5% своей продукции. Деньги идут на поддержку мечетей и исламского образования, а также на здравоохранение и помощь неимущим. Мусульманам рекомендуется жертвовать на благотворительность и помимо *закята*. Как сказано в одном *хадисе*: «Воистину, не верует тот, кто ест до отвала, когда ближний его голодает». Все мусульмане принадлежат к всемирной общине, *Умме*.

### ПОСТ

Пост, *саум*, соблюдается во время Рамадана, девятого месяца мусульманского календаря. Именно в этом месяце Мухаммеду были явлены откровения. Пост длится 29—30 дней и соблюдается в дневные часы. До рассвета и после заката мусульманам принимать пищу разрешено. Это проявление духовной дисциплины, выражающей солидарность с *Уммой*.

### ПАЛОМНИЧЕСТВО

*Хадж* — это паломничество в Мекку, которое мусульмане стараются совершить хотя бы раз в жизни.

*Хадж* длится пять дней, а паломники — и богатые, и бедные — одеты в белые балахоны.

## КНИГИ

Мусульмане верят, что Бог передал свои послания в Книгах. Иудеи и христиане называются «людьми Книги», поэтому к ним относятся с уважением. Однако Коран учит, что старые книги были изменены и искажены. Мусульмане верят, что только Коран является чистым Словом Божьим.

## ПРОРОКИ

В Коране по имени упоминаются двадцать пять пророков, многие из которых встречаются в Библии. Мухаммед считается последним пророком, Печатью пророков.

## АНГЕЛЫ

Ангелы часто упоминаются в Коране. Они несут Божье послание и записывают наши деяния. Они — представители Бога, оберегающие людей от зла и несчастий. В одном стихе говорится, что они также молятся за прощение всех людей:

> *Небеса готовы разверзнуться над ними, а ангелы возносят хвалу своего Господа и просят прощения тем, кто на земле. О да! Ведь Аллах — прощающий, милостивый!*

*Мусульмане простираются ниц во время стандартной молитвы*

Аллах Велик.
Свидетельствую, что нет бога кроме Аллаха.
Свидетельствую, что Мухаммед — Посланник Аллаха.
Придите на молитву.
Придите на благое дело.
Молитва лучше сна.
Аллах Велик.
Нет бога кроме Аллаха.

(Призыв к молитве)

…прославляй хвалой твоего Господа до восхода солнца и до захода, и во времена ночи прославляй Его и среди дня, — может быть, ты будешь доволен.

Сура 20 : 130

---

## Простирание ниц во время молитвы

Мусульманское простирание ниц во время молитвы напоминает обычаи некоторых православных христиан, которых Мухаммед должен был видеть. Вероятно, в суре 24 он говорит о молящихся монахах, когда описывает моление Богу в священных домах, где его превозносят трижды в день:

*В домах, которые Аллах дозволил возвести и в которых поминается Его имя, — восхваляют Его там утром и вечером.*

Сура 24 : 36

Сирийские христиане до сих пор так молятся, и по современным описаниям их молитвы напоминают мусульманский *салят*:

*Все прихожане перешли к простиранию ниц, из положения стоя верующие падали на колени и опускали головы к земле, так что из глубины церкви был виден только ряд выставленных кверху ягодиц. Единственное отличие службы от той, которую можно увидеть в любой мечети, состояло в том, что верующие неустанно крестились, распростираясь по земле.*

Уильям Далримпль.
Со Святой горы

### СУДНЫЙ ДЕНЬ

На закате времен настанет Судный День, когда откроются намерения всех сердец. Бог воскресит мертвых — в VII в. н. э. это для арабов была немыслимо прогрессивная идея. Только Бог может быть судьей, потому что ему известны все наши душевные тайны; прощения надо заслужить молитвой и добрыми деяниями.

---

# Дороги к миру

*И выстаивайте молитву, и давайте очищение, и кланяйтесь с поклоняющимися.*

Сура 2:43

### САЛЯТ И ВУДУ

Мусульманам положено молиться пять раз в день. Они молятся на рассвете, в полдень, после полудня, на закате и ночью. Молитвы и телодвижения формально оговорены и называются *салят*. Перед началом молитвы мусульманин должен умыться, совершив омовение *вуду*:

✦ Кисти обеих рук моют до запястий.
✦ Рот трижды прополаскивают.
✦ Ноздри и кончик носа моют трижды.
✦ Лицо моют трижды, сначала справа налево, а потом ото лба и к горлу.
✦ Руки моют трижды.
✦ Воду льют через голову сзади на шею.
✦ Уши чистят.
✦ Затылок моют.
✦ Ноги моют снизу до икр.

Эти сложные ритуалы отражают условия жизни в пустыне, где зародился ислам, и касаются частей тела, на которых оседали пыль и песок. Мусульмане считают, что перед Богом надо в знак почтения быть чистым.

### ПРИЗЫВ К МОЛИТВЕ

В мусульманских странах призыв к молитве разносится из мечетей. Его оглашает *муэдзин*. В первой мусульманской общине обсуждали, как лучше всего призывать к молитве, и остановились на человеческом голосе. *Муэдзин* провозглашает, что нет Бога кроме Аллаха, и Мухаммед — пророк его.

Он призывает верующих прийти на молитву, ибо молитва лучше сна. Некоторые представители Западного мира утверждают, что невыразимо прекрасные призывы к молитве, эхом витающие над мусульманскими городами, трогают их до слез.

## СТАНДАРТНЫЕ МОЛИТВЫ

Стандартные молитвы всегда читают на арабском языке. Мусульмане стоя читают первую суру Корана, а потом трижды кланяются, превознося имя Бога. Затем следует три раза распростереться, касаясь лбом земли. Далее верующие молятся, часто повторяя *Аллаху Акбар*, «Бог велик». Наконец, преклонив колени и сложив руки в мольбе, мусульмане могут возносить личные молитвы, которые называются *дуа*. Они могут быть на любом языке.

После общего шумного поклонения в мечети наступает благоговейная тишина, и люди произносят свои молитвы шепотом.

## НОЧНОЙ ПОЛЕТ

Ночью 27-го раджа, седьмого лунного месяца, Мухаммеда разбудил Джабраил (Гавриил) и велел ему оседлать крылатого небесного зверя, молочно-белого *Бурака*. Он отправился в Иерусалим и достиг Храмовой горы, откуда вознесся на небеса — Бурак превратился в огненную колесницу. Он прошел семь небес и говорил с Богом. Мухаммед верил, что в ту ночь он физически побывал в раю, хотя некоторые полагают, что ему было явлено видение.

Тогда Мухаммед договорился с Богом о том, что верующие должны возносить обязательные молитвы всего пять раз в день.

## СОЗЕРЦАНИЕ

У мусульман существуют молельные четки, *субха*, состоящие из 99 бусин, собранных на нитке. Они помогают мусульманам произносить 99 имен Бога и способствуют созерцанию и поклонению.

Некоторые мусульмане повторяют на четках одни и те же молитвы: «Слава Аллаху», «Да славится Аллах» и «Аллах велик», каждую по 33 раза.

## ДЕТИ И МОЛЕЛЬНЫЕ МИШКИ

Мусульманских детей обучают молитвам с раннего возраста. В последние годы появились интересные игры, книги и игрушки для самых маленьких детей — например, молельный мишка Адам. Как сказано в рекламе: «Когда его обнимают — он обучает. Сожмите его, и он будет читать молитвы на английском и арабском». В частности, он произносит молитвы *Бисмилля* и *Аллаху Акбар*.

### Службы в мечетях

Слово «мечеть» буквально означает «место поклонения». Обычно это простое, безыскусное здание. Мечети имеют куполообразные крыши, чтобы лучше разносился звук, и нишу в стене, *киблу*, указывающую направление на Мекку. Статуй и изображений людей и животных там нет, поскольку они могут побуждать к идолопоклонству. Вместо них используются абстрактные узоры, составленные из стихов Корана на арабском. Службу ведет *имам*, «стоящий впереди». *Имамы* проходят специальную подготовку и также проповедуют на пятничных молениях.

Мужчинам следует молиться в мечети, когда только возможно, женщины обычно молятся дома, но они могут также сидеть в мечети в отдельном помещении или на галерее.

# Благоговение и изумление

*Простирайтесь же пред Аллахом и поклоняйтесь Ему!*

Сура 53:62

## ВЕЛИЧИЕ БОГА

В Коране неоднократно говорится о величии Бога как Творца:

*Он выводит утреннюю зарю и ночь делает покоем, а солнце и луну — расчислением. Это — установление великого, мудрого!*

*Он — тот, который устроил для вас звезды, чтобы вы находили по ним путь во мраке суши и моря. Мы распределили знамения для людей, которые знают!*

Сура 6:96—97

Многие представители Западного мира чтят и уважают набожность мусульман, которые прерывают работу или останавливают машины, чтобы смиренно распростереться ниц, где бы они ни находились. Они совершенно не стесняются своего поступка.

*Храм Софии в Стамбуле. Сначала он был преобразован из церкви в мечеть, а затем из мечети в музей*

## ГОСПОДЬ МИРОВ

Коран учит, что Аллах — Господь миров на разных уровнях действительности. Существует семь небес и множество разных классов существ, включая ангелов и *джиннов*. *Джинны* созданы из огня и могут выступать посланниками Бога либо творить зло. Дьявол, Иблис, в Коране назван *джинном* (а в Библии он падший ангел). Он согрешил, отказавшись преклониться перед Адамом, первым человеком. «Я не стану кланяться человеку, которого Ты создал из звучащей, из глины, облеченной в форму» (сура 15:33).

## ЗНАКИ И СОКРОВИЩА

Мусульмане верят, что у Бога есть тайная, скрытая сторона («Бог в Себе» или его «Суть») и явленная сторона. Она напоминает лучи света, идущие от солнца; лучи Бога — это его «свойства», его творческая сила, проявленная в дереве, цветке или человеке. Творение — это книга знаков, подаваемых Богом. В мусульманских преданиях говорится, что Бог явил свои свойства, сотворив мир; если бы он этого не сделал, они остались бы скрытыми. Их называют «спрятанным сокровищем» или «сокровищницами», по стиху Корана:

> *Нет вещи без того, чтобы у Нас были ее сокровищницы, и низводим Мы ее только по известной мере.*
>
> Сура 15:21

Основная часть сокровища, сокровищницы — 99 прекрасных имен и творческая сила, заключенная в них.

Еще один хороший пример таинственности и могущества Бога в Коране — это воскрешение мертвых. Это рассматрива-

### «Я»

Природа человеческого «я» удивительна. Мусульмане делят его на три части — *Нафс*, *Ру* и *Калб*. *Нафс* — это наша эмоциональная часть, *Ру* — духовная, а *Калб* — это сердце, орган восприятия в нас самих. Часто проводят аналогию с наездником на коне. *Нафс* — это дикий скакун, обуздываемый наездником (*Ру*), который, в свою очередь, питается силой *Калба*.

В Коране нет стремления отвергнуть или полностью уничтожить *Нафс*, только обуздать его. Эмоции и страсти — неотъемлемая часть человека, но они не должны брать верх над *Ру*, разумом.

> *Видел ли ты того, кто своим богом сделал свою страсть?*
>
> Сура 25:43

Я посмотрел на звезды в ночном небе и увидел, насколько они безграничны. Мой сотрудник-мусульманин склонился и произнес молитву у костра. Я преисполнился восхищения и удивления…

*Рассказ шведа, обратившегося в ислам*

Наши слова для чего-нибудь, когда Мы его пожелаем, — что Мы скажем ему: «Будь!» — и оно бывает.

Сура 16:40

\*

ется как проявление способности Бога «творить»:

> *Аллах… живит мертвых, и… над всякой вещью мощен, и что час наступит, — нет сомнения в том! — и что Аллах воздвигнет тех, кто в могилах.*
>
> Сура 22:6—7

Так же полагали иудеи и христиане до Мухаммеда, но арабским язычникам была чужда надежда на загробную жизнь. Для них это было внове.

Мир — это пена, свой-
ства Аллаха — океан;
пена скрывает от вас
чистоту океана!

Руми, писатель-суфи

✳

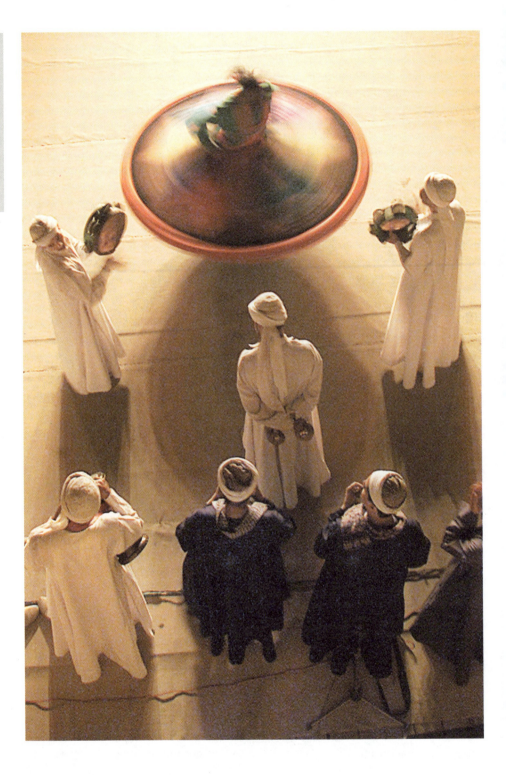

*Египетские суфии празднуют день рождения Пророка*

## Проникновение в тайну

*И Он — с вами, где бы вы ни были. Аллах видит то, что вы делаете!*

Сура 57:4

### НЕПРИЯТИЕ СИМВОЛОВ
В исламе нет священных символов и таинств. Нет и священного сана — есть только подготовленные *имамы*, которые по христианским меркам являются мирянами.

Мусульмане слагают абстрактные узоры и рисунки из арабского письма, используя имена Бога или стихи Корана. Отсутствие символов объясняется тем, что мусульмане не признают изображений в украшении святынь.

Кааба в Мекке — святыня, священный предмет. Считается, что это был первый дом молитвы, построенный Адамом, а позже восстановленный Авраамом. Мусульманские паломники почтенно обходят его кругами и целуют черный камень в его основании.

Понятие «дом» распространяется на весь ислам. Все мусульманское сообщество, *Умма*, называется *Дар аль-Ислам*, «Дом ислама».

## ЦЕРЕМОНИИ

Молитвы *салят* содержат прекрасные символы поклонения и смирения, выраженные в поклонах и простирании ниц, но помимо них в исламе ритуалов практически нет. При рождении ребенка вся церемония заключается в том, что новорожденному шепчут на ухо *«Аллаху Акбар»*. Есть также церемония называния, *акика*, когда мальчику дают одно из имен Бога или пророков, а девочке — имя какой-нибудь известной мусульманки. Во время *акики* мальчикам делают обрезание. Обрезание практикуют также иудеи, которые следуют в этом завету Авраама.

## СУФИИ

Суфиями называются представители мистического течения, основанного на Коране. Они верят, что Бог есть Действительность, что все живое исходит от него и к нему возвратится: «И к Аллаху возвращаются дела» (сура 2:210). Доктрина возврата, *маад*, подразумевает стремление к единению и гармонии с божественным. Суфии рассматривают жизнь как танец Бога с душой. Иногда они исполняют танец, призванный сблизить человека с духовным. Большинство ортодоксальных мусульман относятся к ним с подозрением.

Суфии превозносят Иисуса как «Печать любви», тогда как Мухаммед — «Печать пророков».

Мистики стремятся вернуть душе понимание Бога, которым она обладала до того, как оно покинуло «сокровищницу» и было явлено на земле.

# Празднества

*А у Аллаха — на людях обязательство хаджа к дому, — для тех, кто в состоянии совершить путь к нему.*

Сура 3:97

## РАМАДАН

Рамадан — месяц поста от восхода до заката. В эти дни в мусульманских странах заняты все столики кафе: люди читают газеты и беседуют, и только иностранцы, немусульмане, заказывают еду. Мусульмане освобождаются от поста, если:

✧ они младше двенадцати лет

✧ они пожилые

✧ они беременны или кормят грудью ребенка

✧ им нужно пройти путь более 80 километров

✧ они больны.

Рамадан — месяц, когда был явлен Коран. Во время поста особенно отмечают одну ночь, *Лайлят аль-Кадр* (Ночь могущества), когда Коран был впервые явлен Мухаммеду на горе Хира.

Когда я впервые взял на руки своего новорожденного сына и прошептал святые слова *«Аллаху Акбар»* ему на ушко, я почувствовал гордость, что я мусульманин и что он слышит мое благословение.

Анвар, мусульманин из Египта

Дети на Рамадан идут в мечеть, встречаются там с друзьями. На *Ид* все дарят друг другу подарки. Это самый замечательный праздник.

Сулиман, мальчик-мусульманин

∗

*Люди празднуют на рассвете во время Рамадана — им разрешается есть до рассвета и после заката*

Это событие отмечается в один из нечетных дней в последние десять дней Рамадана.

### ИД АЛЬ-ФИТР

*Ид* по-арабски значит «праздник». В исламе есть два основных праздника — *Ид аль-Фитр* и *Ид аль-Адха*. В эти дни люди веселятся и пируют. *Ид аль-Фитр* начинается после Рамадана, в первый день следующего месяца. Его ввел сам Мухаммед, и в этот день люди празднуют окончание поста. В мусульманских странах это государственный праздник, и люди отправляются в гости к родным и друзьям, наряжаясь в лучшую одежду. Беднякам подают милостыню, а друзья обмениваются подарками. *Ид аль-Фитр* начинается с общей молитвы в мечети.

### ИД АЛЬ-АДХА

*Ид аль-Адха* означает «праздник жертвоприношения» — он был введен Мухаммедом. Праздник назван в честь истории об Аврааме, который пожертвовал своим сыном (Измаилом в Коране; Исааком в Библии). *Ид* отмечается в конце паломничества в Мекку, *хаджа*.

В мусульманских странах это официальный праздник.

Праздник начинается в мечети. Каждая семья приносит в жертву животное — овцу или козу в память об Аврааме, но часто корову или верблюда. Животное как таковое Богу не нужно, но он требует преданности и услужения. Забитое животное делят между собой члены семьи, гости и бедняки. Иногда читают особые молитвы о прощении.

# Сегодня

*И не мог этот Коран быть измышленным помимо Аллаха... в нем нет сомнения! — от Господа миров.*

Сура 10:37

## ДЖИХАД

В Западном мире ислам находится в кризисном положении из-за действий экстремистских группировок и регулярных ре-

### Хадж

Арабы-язычники ежегодно совершали паломничество в Мекку. Они ходили вокруг Каабы и приносили жертвы на черном камне. Скорее всего, это был ритуал — моление о плодородии. Мухаммед очистил *хадж* от языческих обрядов и ассоциаций, сделав его исключительно монотеистическим. *Хадж* происходит в двенадцатый месяц исламского календаря, и примерно 2 миллиона мусульман со всех концов света съезжаются в Мекку.

Для начала паломники-мужчины должны надеть белые одеяния, приближаясь к Мекке. Одеяния сделаны из двух отрезов несшитой белой ткани. Женщины носят обычную одежду, но их тело должно быть полностью скрыто.

*Хадж* длится пять дней. Он начинается с того, что паломники семь раз обходят вокруг Каабы, начиная от черного камня, который они благоговейно трогают или целуют. Затем паломники отправляются к двум невысоким холмам поблизости. Они быстро проходят между ними, вспоминая о страданиях Агари, служанки Авраама, и ее сына

Измаила. Мусульмане верят, что в этом месте она искала воду.

Следующий день паломники проводят в долине Арафа в специальных шатрах, все время думая об Аллахе. Вечером каждый собирает сорок девять небольших камешков. На ночь паломники отправляются в Муздалифу.

В Мине паломники собираются у трех древних каменных колонн. Мусульмане верят, что именно там Измаил прогнал дьявола, бросая в него камни, и паломники бросают камнями в колонны, символически отвергая зло.

После этого наступает *Ид аль-Адха*, и мусульмане приносят в жертву животных. Теперь паломник называется *хаджи*, а паломница — *хаджа*.

Во время *хаджа* мусульмане встречаются с единоверцами со всех концов мира. Американский экстремист, лидер движения за права черных Малколм Икс в 1960-е годы покинул ряды террористической организации «Исламская нация» после того, как совершил *хадж* и узнал, что белые могут быть братьями по вере.

Ночь могущества лучше тысячи месяцев. Нисходят ангелы и дух в нее с дозволения Господа их для всяких повелений. Она — мир до восхода зари!

Сура 97:3—5

Это было потрясающе, я был так тронут. Идешь в огромной толпе людей, и все вместе молятся. Когда видишь столько верующих, это укрепляет веру.

*Муса, молодой парень из Марокко, рассказывает о хадже*

портажей СМИ о террористических актах. Термин *джихад* часто неправильно переводят как «священная война».

На самом деле это значит «усердие», и в Коране чаще всего имеется в виду либо личная борьба с грехом, либо борьба против несправедливости в обществе. Правоверный мусульманин должен бороться против эксплуатации, тирании и безнравственности, например порнографии. В Коране постоянно присутствует тема борьбы за добро, а сура 90 ясно определяет это как долг мусульманина. В ней предложено два пути — пологий и крутой. Второй — путь человека, умеющего:

> *Отпустить раба или накормить в день голода сироту из родственников или бедняка оскудевшего! Потом будет он из тех, что уверовали и заповедуют терпение и заповедуют милосердие.*

Сура 90:13—17

*Джихад* может подразумевать вооруженное сражение, но в Коране это слово неразрывно связано с понятием *китал*, что значит «борьба». Допустимые виды борьбы строго оговорены:

✧ борьба для самообороны
✧ борьба за освобождение угнетенных
✧ борьба за свободу веры там, где ислам подвергается гонениям.

Здесь было бы уместнее говорить о «справедливой войне», а не о «священной войне» в христианских традициях. Многие мусульмане миролюбивы, но некоторые экстремисты вырывают учение о *джихаде* из контекста и толкуют идею борьбы за веру как войну против других религий или народов. Впрочем, по иронии судьбы, Мухаммед в последние годы жизни был скорее воином и предводителем, чем религиозным учителем, пока в Аравии не воцарился мир и ислам не стал основной религией.

## ТРАДИЦИЯ МУЧЕНИЧЕСТВА

В исламе понятие мученичества, *шахид*, означает «засвидетельствовать» веру. Оно не обязательно подразумевает смерть на поле боя. Умершая при родах мать тоже считается *шахид*, поскольку боролась за принесение в мир новой жизни. К *шахиду* нельзя стремиться ни ради мученичества как такового, ни во имя личной славы или мести. Коран не допускает причинения вреда женщинам, детям и старикам на войне, тем самым запрещая теракты, подобные событиям 11 сентября или взрывов в метро, пусть их цели и кажутся кое-кому оправданными.

## ИУДЕИ И ХРИСТИАНЕ

Коран с почтением называет иудеев и христиан «людьми Книги» и подчеркивает, что христиане — особенно близкие друзья. Евреи — возвышенный народ, Иисус и Мария почитаются, а Тора и Евангелия были ниспосланы свыше. Однако в некоторых стихах проглядывает не столь мирное отношение к иудеям. В частности, мужчины, принадлежащие к людям Книги и живущие в мусульманской стране, обязаны платить налог, *джизью*. Истинное значение этого предписания — уплата налога за неучастие в войнах, поскольку было бы несправедливо требовать от немусульман защиты ислама.

Некоторые суры предупреждают о неверующих среди людей Книги. Речь идет о конкретных личностях, которые проявляли враждебность и сражались с Мухаммедом. Например, сура 60:8—9 призывает к милосердию по отношению к немусульманам, которые не сражаются против веры, но к сопротивлению тем, кто сражается. Умеренные мусульмане видят в этих стихах призыв к уважению и веротерпимости.

Некоторые находят различия между двумя периодами откровений — меккан-

## Шариат и иджтихад

Свод традиционных мусульманских законов основан на множестве источников — Коране, хадисе, консенсусе общинных ученых и юриспруденции.

Многие традиции сложились в древние времена, в средневековой культуре, и сегодня не прекращаются споры об их применении. Мусульманские ученые могут рассматривать различные традиции и новые обстоятельства, чтобы определить, какова воля Аллаха для настоящего времени. Они сравнивают разные дела и рождают новые мысли, пользуясь независимыми рассуждениями. Это называется *иджтихад*. Такие независимые рассуждения позволили мусульманскому миру прожить золотой век цивилизации примерно с 750 по 1250 г. н. э., когда возникли университеты и алгебра, были изобретены такие музыкальные инструменты, как гитара, сделаны переводы греческих философов, забытых на Западе, и усовершенствована медицинская наука. Свободное и повсеместное использование *иджтихада* было прервано калифом Багдада в средние века, когда политические трения, стычки между мусульманами и калиф-соперник из Испании поставили под угрозу единство ислама. Мусульманская цивилизация пришла в упадок. Сегодня многие мусульмане стремятся возродить традицию *иджтихада* для XXI века.

ским и мединским, поскольку во втором отношение к иудеям и христианам гораздо более строгое. Казалось бы, этого объяснения достаточно, но более жесткие мусульмане видят в поздних предписаниях призыв к неуважению иудеев и христиан.

## ПОЛОЖЕНИЕ ЖЕНЩИН

Если добросовестно изучить текст Корана, то обнаружится, что у женщин практически равные права с мужчинами. Об этом прямо свидетельствует история Адама и Евы, ведь они были сотворены раздельно (то есть женщина не была сотворена из мужчины), и оба несут равную ответственность за изгнание из рая. Ева благословлена деторождением, а не проклята.

По закону, женщины имеют равные права, включая право на владение имуществом и работу. Они также имеют право на получение наследства, хотя обычно мужчины наследуют в два раза больше. Это объясняется тем, что женщины финансово не обеспечивают семью. От жены, действительно, требуется ставить заботу о семье на первое место, выше всякой работы, но она имеет право на помощь и образование, если пожелает. Все эти правила — истинное и первоначальное учение Корана, но в современном мусульманском мире бытуют разные обычаи и взгляды. Например, в Саудовской Аравии женщинам запрещается водить машину и ходить по улице без сопровождения, а в Кувейте им разрешено и то и другое.

Однако развод считается прерогативой мужчины. Коран позволяет мусульманину иметь до четырех жен, если он в состоянии их содержать, и обязывает относиться к ним справедливо. Эти предписания составлялись для культуры, которая разительно отличается от многих современных, и сегодня у многих мусульман жена только одна. Впрочем, о полигамии ведутся горячие споры, и некоторые указывают, что Мухаммед имел больше жен, чем дозволено Кораном, — у него было несколько жен и наложниц. На самой молодой (и любимой), Айше, он женился, когда той было всего девять лет. Его поступок считается исключением, наградой пророку.

Постоянный предмет споров — законы об одежде и скромности. Коран действительно велит женщинам «потуплять взор» в присутствии посторонних, но мужчинам также полагается потуплять взор при виде женщины. Традиция покрывать голову и все тело кроме рук и ног основана на толковании суры 24:31: «Пусть набрасывают свои покрывала на разрезы на груди, пусть не показывают своих украшений, разве только своим мужьям...» или другим близким родственникам мужского пола.

Этот стих допускает другие толкования и может означать, что покрывать необходимо только грудь. Разные мусульмане и культуры по-разному интерпретировали эту фразу. Многие западные мусульманки склоняются к наиболее либеральной трактовке. Стоит отметить, однако, что многим мусульманкам нравится одеваться в плотные покрывала. Это считается благопристойным и придает ощущение безопасности.

Но трения сохраняются, дебаты продолжаются, а исламские феминистки вроде канадской журналистки Иршад Манджи защищают право мусульманок на свободу мысли.

---

## ИСЛАМ вкратце...

- **Когда он возник?** Мусульмане верят, что истинные Божьи пророки проповедовали ислам с доисторических времен. В нынешнем виде ислам возник в VII в. н. э. в Аравии.

- **Основатель.** Мусульмане верят, что первым пророком Бога был Адам, первый мужчина. Мухаммед проповедовал ислам в Аравии в VII в. н. э. (ок. 570—632).

- **Бог.** Есть только один Бог, по-арабски именуемый Аллахом. (Это переводится просто как «Единый Бог».)

- **Фигура искупителя.** В исламе нет искупителя. Мухаммед — только пророк. Мусульмане верят, что надо заслужить спасение и прощение у Бога, следуя его наставлениям и повелениям.

- **Писания.** Коран, явленный Мухаммеду в нескольких откровениях и прорицаниях. Мусульмане верят, что до этого были и другие книги, например, Псалмы и Евангелия, но со временем они были искажены, поскольку местами противоречат указаниям Корана.

- **Верования.** Есть один Бог, который посылает ангелов, чтобы помогать людям, и пророков, чтобы наставлять их. Мухаммед — последний пророк. Грядет Судный День и воскресение из мертвых.

- **Святыня.** Мечеть — это «место поклонения» с минимумом украшений. В мечети есть ниша, указывающая направление на Мекку, мусульмане стоят рядами и совершают поклоны.

- **Священная пища.** В исламе нет священной пищи. В месяц Рамадан мусульмане соблюдают пост в дневное время. На *Ид аль-Адху* родные и близкие собираются за столом и едят баранину или козлятину. Некоторые виды еды — например, свинина, — считаются запретными, *харам*.

- **Основные празднества.** *Ид аль-Фитр* наступает после Рамадана, *Ид аль-Адха* наступает после паломничества в Мекку.

- **Ключевые символы.** Полумесяц и восходящая звезда, Кааба в Мекке как главная святыня, арабские имена Бога и пророков.

---

> Мусульмане и мусульманки, верующие и верующия, обратившиеся и обратившияся, верные и верныя, покорные и покорныя, дающие и дающия милостыню, постящиеся и постящияся, хранящие свое целомудрие и хранящия, поминающие и поминающия Аллаха много...
>
> Сура 33:35

> Да не набросится никто из вас на жену сию, как осел набрасывается на ослицу.
>
> Хадис Мухаммеда

> Что, если бы западная коалиция мусульман и немусульман позволила женщинам в исламском мире владеть и управлять местными телевизионными станциями? Что, если бы эту коалицию возглавила Опра Уинфри? Независимые телеканалы могут сделать для ислама то, что сделал печатный станок для протестантской реформации — ослабить мертвую хватку на горле знаний.
>
> Иршад Манджи. Боязнь ислама

✳

*Слева: Молодая мусульманка в хиджабе*

# Зороастризм и бахаи

*О Мудрый Господь, Заратуштра избрал Дух твой святейший...*

Пророк Заратуштра

Сегодняшний Иран — преимущественно мусульманская страна. Конечно, среди его жителей много последователей других религий, в том числе древней христианской церкви. А кроме того, в Иране существует одна вера, которая гораздо древнее христианства и ислама, и одна относительно новая. Древняя вера называется зороастризм, новая — бахаи или бахаизм.

## ЗОРОАСТРИЗМ

Древняя религия Персии названа в честь пророка, о котором известно крайне мало. По-гречески его имя пишется «Зороастр», но было бы правильнее писать «Заратуштра». Ученые не знают точно, в какое время он жил, хотя сами зороастрийцы указывают вполне конкретные даты и ведут летоисчисление с того дня, когда ему явился Бог, то есть с 5 мая 630 г. до н. э. (или 1 AR, «года религии»). Однако большинство ученых полагают, что он родился много раньше, примерно в 1200 г. до н. э. На Западе это имя известно многим в первую очередь благодаря сочинению Ницше, философа XIX в. Он использовал фигуру пророка для изречения собственных афоризмов в книге

«Так говорил Заратустра». Впрочем, там пророк высказывает мысли, крайне далекие от взглядов реального Заратуштры. Ницше заявлял о смерти Бога.

Во времена царя Кира Великого (VI в. до н. э.) зороастризм уже был основной религией Персии. Персидское царство лежало в руинах после завоеваний Александра Великого (или «Проклятого» в персидских легендах) в IV в. до н. э. Оно возродилось при Парфянском царстве, которое смогло противостоять могуществу Рима. Династия Сасанидов внесла весомый вклад в развитие религии: с IV по VI в. до н. э. были собраны воедино разрозненные писания, значительно усовершенствованы богословские догматы. Затем страна приняла ислам. Зороастризм постепенно пришел в упадок и был подавлен, поэтому в современном Иране осталось лишь небольшое количество его адептов. В какой-то период VIII—X вв. н. э. группа верующих бежала из Персии, скрываясь от мусульманской власти. Сначала они отправились в Ормуз (на побережье Персидского залива), а оттуда добрались до Индии, где их прозвали «парсами» (или «персами»).

На сегодня в мире насчитывается всего 150—200 тысяч последователей зороастризма. Это совсем немного для древней веры, некогда весьма могучей и влиятельной. Впрочем, не исключено, что некоторые черты этой древней религии проникли в иранский вариант ислама.

## Дух

Зороастризм — ранняя форма монотеизма, которая изрядно перетрясла религиозные представления своего времени. Боги были понижены в ранге до ангелов и демонов, а надежда на воскрешение из мертвых стала откровенным вызовом традициям.

## Символ

Ахура-Мазда, Мудрый Господь, сидит верхом на солнечном диске с распростертыми крыльями. Он — свет зари. Говорят, что после долгих раздумий Заратуштра увидел закат солнца и осознал в мире силу света и тьмы.

## БАХАИ

Бахаизм зародился в XIX в. как исламская секта, подобно тому, как христианство изначально было иудейским течением. В 1844 г. один мусульманин-шиит назвался Бабом, что значит «врата», и объявил себя Богоявлением и Двенадцатым *имамом, Махди*. Он был публично казнен в 1850 г. Один из его последователей взял себе имя Бахаулла («Слава Божья») и объявил себя учителем, пришествие которого предсказывал Баб. Он также назвал себя Богоявлением. В 1892 г. движение возглавил его сын Абд аль-Баха («Слуга славы»). Как ни странно, он не объявил себя божественным явлением. Он много путешествовал, проповедуя учение Бахауллы, а в 1912 г. побывал в США. Его внук Шоги Эффенди (1897—1957) руководил течением до самой смерти, после чего управление перешло в руки совета выборных представителей, Всемирного дома справедливости, хотя существует и альтернативная ветвь — ортодоксальный бахаизм.

Бахаисты ощущают единство всех религий и полагают, что в каждой заключены некие глобальные истины. Они верят в девять Богоявлений в человеческих учителях. Кроме того, они стремятся к благородным идеалам — миру во всем мире и развитию.

В 2000 г. в мире насчитывалось около 6 миллионов бахаистов, рассеянных по многим странам.

Международная штаб-квартира расположена в Хайфе, пригороде Иерусалима.

*Символ Ахура-Мазды в древнем Персеполе*

### Дух

Бахаи — это попытка объединить все религии; бахаисты принимают каждую веру всерьез как ценное откровение для своего времени.

### Символ

Храмы на всех континентах имеют девять сторон. Это символ девяти воплощений Бога. Девятиконечные звезды встречаются также на украшениях, книгах и надгробиях.

## Зороастризм

*В какую землю направиться мне? Родные оставили меня, и друзья держатся от меня в стороне! Союзники не приносят радости мне! Правители страны все склонны ко лжи! Как могу угодить я Тебе, о Ахура, исполнением миссии своей?*

Ясна 46:1[1]

---

[1] Здесь и далее цитируется в переводе Мобеда Фируза Азаргошасба и Рустама Абдулкаримова.

*Зороастрийская огненная церемония*

## ПЕРВЫЕ ШАГИ

О реальном Заратуштре (по-гречески — Зороастре) известно крайне немного. Ученые не могут прийти к согласию насчет времени его жизни, указывая даты от 1500 до 1000 г. до н. э., то есть в конце бронзового века. Согласно зороастрийским преданиям, он появился «за 258 лет до Александра», то есть приблизительно в 628—551 гг. до н. э.

Ведущий специалист по зороастризму Р. К. Ценер согласен с такой точкой зрения, но многие предпочитают относить его к более древнему периоду, проводя лингвистические параллели между древним санскритом и языком первых зороастрийских писаний. Так что не исключено, что Заратуштра был современником Авраама или героев Гомера.

Известно, что он родился и вырос в древней Хорасиме — области, которая сегодня граничила бы с Ираном, западным Афганистаном и Туркменистаном. Из его Писаний следует, что он подвергался гонениям за свои убеждения и был вынужден искать защиты у соседнего племенного вождя (*кави*), Виштаспы или Гуштаспа (на современном фарси это имя означает «конина»!). Заратуштра служил у него придворным пророком и слагал гимны во славу Бога. До нас дошли его Писания, из которых можно почерпнуть некоторые сведения о его жизни. Однажды он молил Бога наградить его десятью кобылицами, конем и верблюдом. По преданию, он три раза подряд женился и родил шестерых детей. Последний гимн он сочинил на свадьбу своей дочери Пурухисты. Считается, что в возрасте 77 лет его убил жрец старой религии (*карапан*). Вот и все факты, которые нам известны.

Судя по всему, он пережил личный опыт встречи с божественным и проповедовал на основании нисшедших на него откровений. Иногда Заратуштру называют «Первым пророком», но все зависит от того, когда же на самом деле он жил. Даже если во времена Авраама, последнего все равно почитают пророком иудеи, христиане и мусульмане. В любом случае, у Заратуштры были смелые и оригинальные мысли, которые исследователи воссоздали, пользуясь его сохранившимися гимнами (Гатами). Сравнения с санскритом многое разъяснили, ведь у персов и индийцев были общие предки — арии. В индуистской Ригведе, к примеру, можно найти описания похожих обрядов и божеств.

Зороастризм оформился в среде оседлых земледельцев, противостоявших жестоким налетам кочевников. Эти земледельцы приносили в жертву быков и устраивали пьяные оргии с употреблением галлюциногенного растения хаома. Заратуштра отвергал подобный разврат, и не исключено, что он проповедовал очень простую веру, лишенную ритуалов и подношений.

## ЦЕЛЬ

Заратуштра был одним из первых монотеистов, который понизил в звании божеств и духовных существ арийской религии. Он учил, что существуют *ахуры* и *дэвы*, а единственного Бога зовут Ахура-Мазда — Мудрый Господь или Господь Света. Остальные *ахуры* стали неким подобием ангелов (*язатами* — «боготворимыми существами»), а *дэвы* стали демонами и прислужниками сил зла. (Любопытно, что в индуистской философии, наоборот, *дэвы* обожествлялись, а *ахуры* демонизировались.) Похоже, *ахуры* представляли собой некую армию защитников, возглавляемую Митрой. Кроме того, они олицетворяли могущество Ахура-Мазды. Выше всех стоял Святой Дух, представитель могущества Ахура-Мазды в его творении. Кроме того, существовали еще Благочестие, Добрая Мысль, Благоразумие, Царство, Целостность и Бессмертие.

Святой Дух был одним из духов-близнецов, созданных Ахура-Маздой до сотворения всего остального. Второй, видимо, обратился в зло и стал Ложью, Анхра-Манью, или Ахриманом.

Исследователи спорят о том, что Заратуштра понимал под близнецами: обратился ли Ахриман во зло или же был изначально сотворен злым как постоянная, равнозначная добру сила? В Гатах четкого ответа нет, хотя позднее в зороастризме возникла доктрина этического дуализма, согласно которой добро и зло постоянно соперничают.

## УЧИТЕЛИ ПУТИ

Зороастрийские Писания называются «Авеста». Из них сохранилась лишь четвертая часть, в том числе разрозненные отрывки и три раздела, содержащих тексты литургии (*Ясна*), жертвенных гимнов (*Яшты*) и правил ритуального очищения (*Видевдат* — «Закон против дэвов»). Гаты входят в Ясну. Некоторые из них написаны от первого лица и считаются трудами самого Заратуштры. Остальные, скорее всего, составлены намного позже. Считается, что оставшиеся жрецы возродили некоторые древнеарийские понятия после смерти Заратуштры. Вполне возможно, что огненная церемония, столь важная для современных парсидских и зороастрийских богослужений, была придумана вовсе не Заратуштрой. Она напоминает древнеарийскую огненную церемонию, известную тысячелетия назад, о чем свидетельствуют руины Мохенджо-Даро в долине реки Инд. Позднее богословы из династии Сасанидов разработали официальную ортодоксию и собрали сохранившиеся писания. Были выработаны идеи дуализма — возможно, бесконечно далекие от представлений Заратуштры. Был создан ритуальный кодекс — быть может, и после знаком-

ства с иудейской Торой. Митра превратился в посредника между землей и небом, и восходящее Солнце стало его воплощением. Многие ученые допускают, что отсюда возник и древнеримский культ Митры. Развитие религии стало очевидным, когда парсы из Индии наладили связь с исторической родиной в 1400 г. и обнаружили множество новых верований, ритуалов и календарей.

## СОКРОВИЩНИЦА СЕРДЦА

Заратуштра подчеркивал силу свободы воли и выбора, полагая людей не рабами Бога, а его добровольными напарниками: «О Мудрый Господь, Заратуштра избрал Дух твой святейший». Перед каждым человеком стоит выбор, и от того, что он изберет, зависит его судьба в день Суда. Заратуштра придерживался необычной для тех времен точки зрения, что Ахура-Мазда покончит с миром и доведет его до совершенства. Похоже, что на первых порах Заратуштра ожидал пришествия Царства Божьего при жизни, но позднее отнес это событие к далекому будущему. Также он говорил о *Саошьянте*, или Спасителе. Это образ Мессии, который возвестит пришествие Царства Божьего.

## ДОРОГИ К МИРУ

Заратуштра учил людей важности правильного выбора, призывая их отвернуться ото Лжи и воспитывать в себе «добрые слова, добрые мысли, добрые деяния». Люди должны отказаться от идолопоклонства. Его этика строилась на понятиях истины (*аша*) и лжи (*друдж*). Перед концом света состоится суд: все души пройдут по мосту и будут испытаны огнем. После этого они будут либо благословлены, либо прокляты — по Заратуштре, навеки. Он подчеркивал ужасность свободного выбора и тяжесть возложенной на нас ответственности.

Он вскользь упоминал о воскрешении и *Саошьянте*:

> *...явится победоносный Саошьянт и те, кто помогают ему... дабы создан был совершенный мир, не стареющий, не умирающий, не разлагающийся, не гниющий, вечно живой, вечно цветущий, дабы мертвые восстали, и пришло, настало бессмертие.*

Яшт 19:89—90

Позднее эти идеи были развиты, но столь раннее учение о воскрешении из мертвых не может не поражать. У иудеев это верование четко вырисовывается лишь в последних частях еврейской Библии — возможно, вследствие контактов с зороастрийцами. Заратуштра радикально порвал с арийской верой в реинкарнацию.

В последующих преданиях говорилось, что, когда придет *Саошьянт*, души, осужденные и проклятые после смерти, будут освобождены и смогут попасть на небеса, где все люди земли вознесут хвалу Ахура-Мазде.

Некоторые усматривают зороастрийские влияния в шиитском исламе, основной религии древней Персии и современного Ирана. Вера в скрытого *Имама* — Двенадцатого *имама*, который спрятался, чтобы вернуться перед концом света, — перекликается с верой в *Саошьянта*.

## БЛАГОГОВЕНИЕ И ИЗУМЛЕНИЕ

Нам почти ничего не известно о способах поклонения, предписанных самим Заратуштрой. Позднее зороастрийцы начали совершать в своих храмах огненную церемонию, или *Атас*. Горение священного пламени поддерживается наследным родом священнослужителей (которых в древней Персии называли *магами*), а служба заключается в пении гимнов и чтении Авесты.

## ПРОНИКНОВЕНИЕ В ТАЙНУ

В зороастризме ритуалов немного. Помимо символичного священного огня, который олицетворяет святость и свет Бога, зороастрийцы практикуют сакральное употребление сока растения хаома. Как ни странно, Заратуштра осуждал оргии, устраиваемые в состоянии опьянения этим веществом. Данное таинство, скорее всего, было возрождено после его смерти. Сок из растения выжимают во время сложного ритуала. Хаома считается божественным растением, сыном Ахура-Мазды. Таким образом, сына приносят в жертву отцу. Распитие напитка позволяет проникнуться бессмертием Ахура-Мазды. При этом используются примитивные образы жертвоприношений, жречества и божественных существ, мало напоминающие оригинальное учение Заратуштры. Некоторые находят в этом ритуале поразительное сходство с основной идеей католической мессы.

В зороастризме есть также церемония инициации, *седрех пуши*, когда на человека надевают белые одежды. Они символизируют непорочность и чистоту — главные добродетели зороастризма. К примеру, зороастрийцы не моются в проточной воде, предпочитая набирать воду в кувшин и мыться на берегу, чтобы не загрязнить воду другим людям ниже по течению. Священнослужители при инициации надевают священную белую нить.

## ПРАЗДНЕСТВА

В Гатах превозносится красота природы и матери-земли. Зороастрийцам свойственно крайне бережное отношение к окружающей среде, и все праздники посвящены природе. Зороастрийцы отмечают Новый год в первый день весны, летний праздник воды, праздник осени и праздник огня в середине зимы. В Иране Новый год, *Норуз*, до сих пор остается значительным праздником, сохранившись с доисламских времен.

*Два Духа, два близнеца в начале провозгласили от себя чистое и нечистое мыслей, речей и поступков. Благомудрые знают разницу между провозгласителями, не знают ее зломудрые.*

Гата Ахуна-Варья

*Божественным и священным признаю я Тебя... ибо Ты определил награду за добрые мысли, слова и деяния, ибо Ты определил в мудрости Твоей, что зло будет участью нечестивых.*

Ясна 43:5

*Священный огонь — это символ присутствия Мудрого Господа, когда мы приходим поклоняться ему. Он — тепло, мир, просвещение.*

Зубин, верующий из Ирана

∗

Неотъемлемая черта этого праздника — церемония *Хафт-син*, когда на стол кладутся семь предметов на букву «ш». Все они символизируют процветание и жизнь. Первоначально это были вино (*шараб*), молоко (*шир*), шербет (*шарбат*), меч (*шамшир*), коробка (*шемшад*), свеча (*шам*) и семена конопли (*шабданех*). В наше время на стол также кладут Коран.

## СЕГОДНЯ

Зороастрийцы составляют меньшинство, но они оказали немалое влияние на жизнь общества. Среди них было много первоклассных спортсменов (вероятно, именно они изобрели крикет и познакомили с ним англичан) и видных музыкантов. Фредди Меркьюри из знаменитой группы «Куин» происходил из зороастрийского рода.

Исследователи также указывают на то, что Заратуштра породил множество понятий — единство Бога, ангелы, дьявол, грядущий спаситель, Судный День и воскрешение. Если отбросить ритуалы и некоторые понятия как поздние доработки, мы получим простое, оригинальное послание, сродное основным идеям иудаизма, христианства и ислама. Пусть сегодняшние адепты и в меньшинстве, но они оказали огромное влияние на историю религии. Вполне возможно, что в VI в. до н. э. иудеи и зороастрийцы обменивались идеями и общались друг с другом. Например, учение пророка Даниила, который служил при персидском дворе, перекликается с надеждами на *Саошьянта* и воскрешение — у него упоминается «некто, похожий на сынов человеческих» и восстание из мертвых. Конечно, иудеи верили в загробную жизнь, суд, ангелов и демонов еще до изгнания, но позднее эти идеи возникли в новой и более развитой форме.

---

**ЗОРОАСТРИЗМ**                     **вкратце...**

♦ Когда он возник? В неопределенный период между вторым тысячелетием и VI веком до н. э. Сейчас эта дата обсуждается.

♦ Основатель. Заратуштра, которому явилось видение Мудрого Господа, когда он наблюдал за закатом солнца, вследствие чего узнал о битве света и тьмы. Он служил придворным пророком.

♦ Бог. Ахура-Мазда, Мудрый Господь. Заратуштра был радикальным монотеистом.

♦ Фигура искупителя. Грядущий Спаситель, *Саошьянт*, который возвестит о пришествии Царства Божьего перед концом света.

♦ Писания. Авеста, содержащая Гаты — гимны, авторство которых приписывается Заратуштре.

♦ Верования. Между светом и тьмой, добром и злом, велась война. У людей была свобода выбора. Обе силы объединены дуализмом и исходят от Ахура-Мазды. Существуют меньшие духи, *ахуры* и *дэвы*, подобие ангелов и демонов.

♦ Святыня. В зороастрийских или парсидских храмах есть очаг, в котором горит священный огонь.

♦ Священная пища. Сок священного растения хаома пьют во время обряда единения.

♦ Основные празднества. *Норуз* (Новый год) и сезонные праздники, например, огненная церемония в середине зимы.

♦ Ключевые символы. Огонь как символ Бога, Ахура-Мазда, возносящийся на крыльях на фоне круглого солнца.

Следует отметить, что единственным языческим правителем, которого почтил своим благословением Яхве в иудейской Библии, был царь Персии Кир («Так говорит Господь помазаннику Своему Киру: Я держу тебя за правую руку, чтобы покорить тебе народы» [Исайя 45:1]), а к колыбели новорожденного Иисуса пришли поклониться волхвы с Востока. Ученые теряются в догадках о том, кем были эти люди — вавилонскими астрономами, иудеями или зороастрийскими магами, признавшими рождение ожидаемого Спасителя?

# Бахаи

*Вся земля суть одна страна, и все люди суть граждане ее.*

Избранное из писаний Бахауллы

## ПЕРВЫЕ ШАГИ

Мирза Али Мухаммед (1819—1850) стал первым Бабом в 1844 г. Вначале Баб утверждал, что проповедует новую форму ислама и является возвратившимся Двенадцатым *имамом, Махди*. В 1848 г. его последователи, бабиды, провозгласили независимость от ислама и восстали против персидских властей. Баб был казнен в 1850 г. по обвинению в предательстве за участие в заговоре против шаха.

Баб предсказал пришествие нового учителя, который продолжит и расширит его учение. Мирза Хусейн Али Нури (1817—1892) был одним из верных последователей Баба. В 1852 г. он был заключен в печально известную темницу Сия-Хал («Черную Яму»), расположенную под площадью в центре Тегерана. Она служила сточной ямой общественной бани. Там он провел четыре месяца в невыносимом смраде. Именно тогда, как он утверждал, ему было явлено откровение,

убедившее его в том, что он — новое воплощение грядущего Бога. Так он стал Бахауллой.

## ЦЕЛЬ

Бахаулла учил, что за всеми религиями стоит один Бог. Богоявления на земле подобны лучам солнца. Все бахаисты соглашаются, что явлений было девять, но слегка расходятся в вопросе о том, кого считать таковыми. Основной список включает Адама, Авраама, Будду, Кришну, Моисея, Иисуса, Мухаммеда, Баба и Бахауллу. В других вариантах Будды и Кришны нет, а вместо них называют Ноя и Заратуштру или двух арабских пророков.

Согласно Бахаулле, существуют разные степени откровений. Каждая из них незавершена, но идеально подходит для своего времени. Таким образом, все Писания содержат истину, но между ними есть различия и противоречия. Ранние вероучения следует толковать в свете более поздних, особенно данных Бабом и Бахауллой.

Помимо единства Бога, бахаисты искренне верят в братство всех людей.

## УЧИТЕЛИ ПУТИ

Бахаулла написал более 100 книг, а кроме них существует множество комментариев, составленных его последователями. Важнейшее Писание — Китаб-и-Акдас, «Священнейшая Книга».

## СОКРОВИЩНИЦА СЕРДЦА

Сотворенная вселенная считается эманацией Бога, а не творением из ничего, ex nihilo, как в иудаизме, христианстве и исламе.

Вселенная вечна, будучи нескончаемой эманацией Бога. Вере бахаи в высшей степени присуще пантеистическое ви́дение мира.

Бахаисты верят в загробную жизнь как в бестелесное существование, хотя считают традиционные описания рая и ада символичными. Человек сам вершит над собой суд; душа, которая заботится о себе, попадет в блаженство, а душа, отринувшая сияние Бога, будет страдать.

### ДОРОГА К МИРУ

Бахаулла учил, что у человека есть две обязанности — признать Божьего посланника своего времени и подчиняться всем его повелениям. Бахаисты исповедуют крайне возвышенные идеалы всеобщего развития и образования, призывая пользоваться общим языком вроде эсперанто, стремясь к равноправию полов, миру во всем мире и основанию всемирного правительства для осуществления этих чаяний.

### БЛАГОГОВЕНИЕ И ИЗУМЛЕНИЕ

Достигнув возраста духовной ответственности в 15 лет, бахаист обязан ежедневно читать три специальные молитвы. Вот один пример:

> Я свидетельствую, о мой Боже, что Ты сотворил меня, дабы я познал Тебя и поклонялся Тебе. Свидетельствую в сей час о бессилии своем и Твоей мощи, о своей скудости и Твоем обилии. Нет Бога, кроме Тебя, Помощника в Опасности, Самосущего.

*Бахаистский храм в Нью-Дели*

- Когда он возник? В XIX в. н. э. в Персии, современном Иране.
- Основатель. Баб («врата») в 1844 г. и его последователь Бахаулла в 1852 г.
- Бог. За всеми религиями стоит один Бог.
- Фигура искупителя. Искупителей нет, есть только учители, вроде Баба и Бахауллы.
- Писания. Почитаются все Писания всех религий, хотя главное место занимают книги Бахауллы, особенно Китаб-и-Акдас.
- Верования. Вселенная есть эманация Бога, которая существует вечно. На протяжении всей истории человечества Бог посылал своих вестников, последним из которых был Бахаулла.

- Святыня. Бахаисты собираются в местных молельных залах, но на каждом континенте есть девятисторонний храм в честь девяти посланников.
- Священная пища. Специальной пищи нет, но важную роль играют застолья, подобные Девятнадцатидневному пиру.
- Основные празднества. *Ридван* — пир в честь призвания Бахауллы. На Девятнадцатидневный пир бахаисты собираются, чтобы поддержать связь и обсудить общинные вопросы.
- Ключевые символы. Девятисторонние храмы.

Во время молитвы верующий стоит лицом к Акко (к востоку), потому что там был похоронен Бахаулла.

Бахаистская служба включает в себя молитвы и чтения под музыку, допуская множество разных стилей. Местные духовные собрания планируют и утверждают богослужения. На каждом континенте стоит девятисторонний храм, символизирующий девять воплощений Бога. Эти места называются «Местами рассвета поклонения Богу».

## ПРОНИКНОВЕНИЕ В ТАЙНУ

В бахаизме нет духовенства и таинств. Нет никаких особых церемоний инициации. Единственный вид деятельности, способствующий духовному росту, называется «бахаистской консультацией». Собрания, семьи и друзья встречаются для совместной молитвы. Затем они излагают стороны какого-либо вопроса в своем понимании и обсуждают расхождения в воззрениях. Они стремятся к истине, сближению и согласию.

## ПРАЗДНЕСТВА

У бахаистов существует много праздников, связанных с учителями, — например в честь предсказания Баба о пришествии Бахауллы. Этот праздник называется *Ридван* («рай»). Регулярно проводится Девятнадцатидневный пир для верующих всех возрастов, на котором местные собрания встречаются, чтобы обсудить новости и посоветоваться друг с другом.

## СЕГОДНЯ

В Иране бахаисты являются преследуемым меньшинством, лишенным статуса «людей Книги» (в отличие от иудеев и христиан). Поскольку основатели бахаизма порвали с исламом, это течение считается еретическим и потенциально опасным. В других странах мира бахаисты участвуют в программах по развитию и образованию, регулярно посещая саммиты ООН.

# Конфуцианство, даосизм и синто

*Должным образом служить народу, почитать духов
и держаться от них подальше — в этом и состоит мудрость.*

Конфуций, Лунь-юй[1]

---

[1]   Здесь и далее цитируется в переводе В. А. Кравцова.

Китай оставался относительно закрытым на протяжении многих веков, благодаря социальной структуре и неизменному характеру китайского языка. Государственной религии не было, и хотя люди верили в разных богов, те считались более далекими и менее важными, чем почитаемые родовые предки. В жизни на первом месте стояли моральные и социальные зако-

ны. Китайская цивилизация насчитывает не одно тысячелетие. Три основных философских системы, или религии, заняли в жизни Китая центральное место. Первая — буддизм — была заимствованием. Конфуцианство и даосизм стали местными изобретениями. На сегодняшний день у традиционных религий Китая около 225 миллионов последователей.

*Несторианская таблица
из древнего Китая*

В Японии существовала древняя народная религия со множеством божеств, которым поклонялись на разных островах.

Ее назвали «синто» только в VI в. н. э., чтобы отличать от новых заимствований — конфуцианства и буддизма.

## КОНФУЦИАНСТВО

Конфуций, или Кун Фу-цзы (551—479 до н. э.), не был ни пророком, ни религиозным деятелем. Скорее его можно назвать моралистом и философом. Его отношение к богам было по большей мере агностическим, но он признавал, что считает свою систему даром небес (*Тянь*). Он проповедовал строгий, последовательный кодекс общественных норм, направленный на поддержание социальной гармонии.

Деятельность Конфуция пришлась на времена общественных потрясений. Первая великая династия владык, Шан, сменилась династией Чжоу. Коррупция в органах власти процветала. Возникло множество философских школ, стремившихся исправить нравственность и укрепить моральные нормы. Этот период продолжался до 200 г. до н. э. и известен как время Ста Школ.

### Дух

Эта этико-социальная система уклонялась от религиозных споров и рассматривала взаимоотношения людей в обществе. Важнейшую роль играли честь и уважение друг к другу.

## ДАОСИЗМ

Даосизм возник тысячи лет назад, на заре китайской цивилизации. Древние народные обряды тесно переплелись в нем с тонким мистицизмом и учением о жизненной энергии, Пути и гармонии с природой. Наиболее почитаемый учитель — Лао-Цзы, по преданию живший в VI в. до н. э. Даосизм возник в период Ста Школ

как новый способ решения общественных проблем, отличный от учений Конфуция. Этот путь предлагал обратиться к природе, созерцать ее ритмы и потоки, стремиться жить в гармонии с ними и не навязывать им ложный порядок. Даосизм более мистическое и пассивное учение, чем наставительное, рациональное конфуцианство.

### Дух

Даосизм предложил общую духовную точку опоры, независимо от того, каким местным божествам или ритуалам следовал человек. Дао было универсальным и не поддающимся определению.

## СИНТО

Это система верований и ритуалов Японии, насчитывающая много веков. Она возникла до пришествия буддизма и христианства. Синто, что часто переводят как «путь богов», является анимистической и политеистической системой, которая стала неотъемлемой частью жизни для многих японцев. Она мирно сосуществует с буддизмом, а люди переходят от ритуала к ритуалу: буддийские связаны с предками и похоронами, а синтоистские — с повседневной жизнью, в том числе с отмечанием рождений и свадеб. Синтоистами называют себя 95 % населения Японии, а буддистами — 75 %.

### Дух

Это древняя система почитания небесных сил и созерцательного благоговения перед великолепием природы.

## БУДДИЗМ

В Китае и Японии зародились две особых разновидности буддизма; *чань*, или дзен, возник еще в VI в. н. э. В Японии же появилась собственная школа буддизма — *нитирэн*, последователи которой нараспев произносят фразу «*намо мйохо рэнге кйо*».

## ХРИСТИАНСТВО

Христианство пришло в Китай и на Дальний Восток гораздо раньше, чем было принято полагать. На самом деле первые западные миссионеры шли по стопам древних учителей и монахов. В 1625 г. рабочие копали могилу в окрестностях Сианя в Китае и наткнулись на большую каменную стелу с древней надписью, которая

сообщала о визите христиан в 635 г. н. э. А в конце XIX в. один даосский священнослужитель обнаружил тайник с древними свитками в помещении, которое было наглухо заложено кирпичами с 1005 г. н. э. Помимо буддийских и даосских текстов там оказались и христианские, в которых Иисус описывался на восточный манер — «Нефритолицый» и «Один Священный Дух». Выяснилось, что христианские монахи проследовали по Великому Шелковому пути из Персии и основали в Китае монастыри и общины, которые просуществовали много лет.

# Конфуцианство

*Должным образом служить народу, почитать духов и держаться от них подальше — в этом и состоит мудрость.*

Конфуций, Лунь-юй 6. 20

### ПЕРВЫЕ ШАГИ

О жизни Конфуция сохранилось немного достоверных сведений — только то, что он происходил из благородного семейства и состоял на гражданской службе у одного провинциального царька. В возрасте 50 лет его сместили с должности, и он отправился в путешествия, собирая последователей как странствующий учитель. Лишь благодаря его ученикам нам вообще известно о его существовании. Они собрали его изречения и распространяли их, вкупе со множеством дополнений, на протяжении долгих лет. Это было нетрудно уже потому, что китайский язык практически не изменялся тысячелетиями.

Культ Конфуция возник уже после его смерти, когда последователи начали чтить его память. Возникло множество легенд — говорили, к примеру, будто он написал все древние китайские тексты.

*Кун Фу-цзы*

Во II в. до н. э. династия Хань объявила его учение официальной государственной идеологией — скорее всего потому, что она обеспечивала стабильность и процветание.

Его система стала нормативной в Китае, Японии и Корее.

## ЦЕЛЬ

Конфуций хотел, чтобы государство зиждилось на социальной гармонии. Он проповедовал принцип *инь-ян* — равновесия полярных противоположностей. Этот принцип предполагает пассивное признание своего места и статуса в обществе, следование традициям и исполнение определенных обязанностей. Конфуций учил «серебряному правилу» — «Не делай другому того, чего себе не пожелаешь». Ключевыми понятиями здесь были уважение и стремление к общественной гармонии, а не этичность и сострадание.

## УЧИТЕЛИ ПУТИ

Конфуций не считал, что учит чему-то новому. Он говорил о себе: «Я передаю, но не сочиняю; я верю в древность и люблю ее» (Лунь-юй 7. 1).

Лунь-юй — сборник афоризмов Конфуция, учений его последователей и поучительных историй из их жизни. Это короткие, лаконичные изречения, а не длинные диалоги.

## СОКРОВИЩНИЦА СЕРДЦА

Конфуций превозносил две добродетели — *жэнь* и *ли*. *Жэнь* — это внутренняя справедливость, или гармония между людьми. *Ли* — это общественный этикет, ритуалы и обычаи, необходимые для выражения и достижения гармонии. Конфуций считал, что *жэнь* и *ли* взаимозависимы; *жэнь* без *ли* приводит к неуверенности и безволию, а *ли* без *жэнь* приводит к пустоте и строгости.

Хотя Конфуций стремился сохранить строгий общественный порядок, в нем обнаружилась и радикальная жилка, которую позже развили некоторые из его последователей. Обращаясь к понятию аристократии, он утверждал, что всякий, кто следует *жэнь* и *ли*, станет благодаря этим добродетелям истинным «благородным мужем», *цзюньцзы*. Это было откровенным вызовом коррумпированным правителям и старейшинам, поскольку требовало от них служения народу и выполнения обязательств в соответствии со своим статусом. Мэн-цзы (371—289 до н. э.) развил эту идею. Он заявлял, что свергнуть коррумпированного правителя — моральный долг народа, поскольку коррумпированный правитель ничем не лучше «простолюдина».

Он объяснял это на примере свержения Чжоу, последнего императора из династии Шан:

> *Грабителя и головореза должно именовать простолюдином. Я слышал, что они покарали простолюдина Чжоу, но я не слышал, что они убили своего правителя.*

Мэн-цзы 18. 8

## ДОРОГИ К МИРУ

Общественная гармония держится на уважении к старшим и чувстве долга. Семья — основная ячейка; отец должен быть добр к сыну, а сын — почтителен к отцу. Старший брат должен относиться к младшему покровительственно, а тот должен проявлять смирение в ответ. Муж должен быть справедливым по отношению к жене, и тогда она будет послушной. Старшие должны проявлять внимание к младшим, и те отплатят им почтением.

Правитель должен служить своим подданным и заботиться о них, и тогда они ответят ему лояльностью. Конфуций высоко ценил фигуру императора-мудреца, о чем свидетельствует следующее изречение.

Речь идет об императоре столь мудром и добродетельном, что ему не приходилось ничего делать; его власти ничто не угрожало:

> *Шунь управлял, не действуя. Как он это делал? Он ничего не делал другого, кроме как почтительно сидел, повернувшись лицом к югу.*

Лунь-юй 15. 4

Важнейшим в учении Конфуция было понятие сыновней почтительности, *сяо*, на котором держалась общественная сплоченность всякой семьи. То есть родителей следовало почитать, даже если они неразумны, а предки заслуживали не меньшего почтения, хотя и уже мертвы. Никоим образом нельзя было порочить их память.

Данное предписание считалось неоднозначным, поскольку способствовало поддержанию жесткости и рутинности, но в то же время порождало гармонию и взаимную ответственность. Последователи Конфуция распространяли его взгляды, побуждая людей учиться.

### БЛАГОГОВЕНИЕ И ИЗУМЛЕНИЕ

Ритуал имел важное значение для Конфуция, но не в мистическом смысле, а как способ укрепления ценностей. Поэтому он поощрял ритуалы почитания предков.

### ПРОНИКНОВЕНИЕ В ТАЙНУ

В трудах Конфуция нет метафизических рассуждений, им двигало лишь стремление к гармонии. Его принципы и общественный этикет укрепляли сплоченность общества и взаимную ответственность. В традиционном китайском обществе человека не заставляют следовать учению Конфуция; просто все окружающие пре-

зирают его поступки и избегают его, пока чувство стыда не вынудит его избрать верный путь.

Конфуций верил, что социальная гармония и личная добродетель окажут чуть ли не магическое воздействие на окружающий мир и природу. В определенной степени именно эта уверенность стоит за вышеприведенным изречением об императоре Шуне; а вот его ответ на вопрос о значении некого древнего ритуала:

> *Учитель ответил: «Не знаю». И, указывая на свою ладонь, сказал: «Тому, кто знает ее сущность, легко управлять Поднебесной».*

Лунь-юй 3. 11

### ПРАЗДНЕСТВА

Конфуция чтят как уважаемого предка и учителя. В честь его учений устраивают ритуалы, вроде церемонии *Джонмьо*.

### СЕГОДНЯ

В современном Китае конфуцианство пострадало от коммунистической власти. Строгие социальные иерархии и обязанности подверглись нападкам Мао, который объявил их инструментом подавления трудящихся. Однако некоторые черты конфуцианства прижились и в маоизме. Так, изречения Мао почитались и записывались в красные цитатники, а правителям полагалось подавать пример, чтобы обеспечить лояльность и преданность народа.

На Западе китайские общины сталкиваются с тем, что традиционные порядки разрушаются под воздействием гораздо более индивидуалистичной западной идеологии. Пристыдить человека и тем самым склонить его к следованию традициям и принципам можно лишь в стране, где им следует большинство.

# Даосизм

*Но только Великий Путь сокрыт и безымянен. Он все ведает и все завершает.*

Лао-Цзы, Дао дэ цзин[1]

## ПЕРВЫЕ ШАГИ

Даосизм уходит корнями в культуру и фольклор древнего Китая. Это сложный сплав разных традиций. В 300 г. до н. э. текст «Дао дэ цзин» уже существовал, хотя утверждают, будто он был написан еще в VI в. до н. э. «Дао дэ цзин» означает «Классический текст Добродетельного Пути». Его авторство приписывают некому Лао-Цзы, «Старому Мудрецу». Его звали Ли Эр Тань, и по преданию, он написал всю книгу за одну ночь, путешествуя по горам. Затем он «отправился на запад» — скорее всего, под этим эвфемизмом подразумевается смерть. Доподлинно неизвестно, существовал ли реальный Лао-Цзы, но даосы почитают его как Высшего Бессмертного. Бессмертный — это человек, ставший божественным благодаря добродетели, личному просветлению.

Дао — это мистическая имманентная сила, дающая жизнь и гармонию. Само слово можно перевести как «Путь». Попытка дать определение Дао сродни попытке поймать текущую воду.

Даосизм возник на заре нашей эры, когда объединились две школы — Путь Небесных Мудрецов и Путь Великого Мира. Общепризнанный свод (канон) писаний и основных принципов был составлен во времена династий Хань и Тан.

## ЦЕЛЬ

Цель даосов — жить в гармонии с Дао, стремиться к единению с природой и как следствие достичь стабильного общественного порядка. Честолюбие и жажда власти пори-

---

[1] Здесь и далее цитируется в переводе В. В. Малявина.

цаются, поскольку они нарушают гармонию и поток. Например, Лао-Цзы сравнивает умение поймать и приготовить мелкую рыбку с управлением государством. Равновесие и гармония с жизненной энергией *ци*, текущей во всем живом, — вот основные заповеди.

## УЧИТЕЛИ ПУТИ

Помимо «Дао дэ цзин» у даосов есть трактат «Чжуан-цзы», написанный между 369 и 286 гг. до н. э. Он еще более мистичен, чем «Дао дэ цзин», и посвящен внутреннему Дао человека и поиску внутренней гармонии.

Важную роль играет также «И Цзин» — «Книга перемен», по сути представляющая собой руководство по гаданию. Она была написана до возникновения даосизма и иногда используется в конфуцианстве.

*Текущую воду невозможно удержать, так же, как Дао невозможно понять умом*

## СОКРОВИЩНИЦА СЕРДЦА

Даос стремится прожить долгую и мирную жизнь. Долголетие достигается путем гармонии с Дао и направления жизненной энергии (*ци*) в правильное русло — учением, правильными поступками, диетой и упражнениями. Принцип *инь-ян* олицетворяет равновесие между пятью силами *ци*: деревом, огнем, землей, металлом и водой.

## ДОРОГИ К МИРУ

Даосы разработали систему тренировки тела и разума, медитации и визуализации, которая называется *цигун*. Она включает физические упражнения, дыхательную и психическую дисциплины. При визуализации надо представлять себе божеств в разных частях тела или небесное сияние. Даосы следуют Пяти принципам:

1. Не убивай.
2. Не употребляй алкоголь.
3. Не лги.
4. Не кради.
5. Не прелюбодействуй.

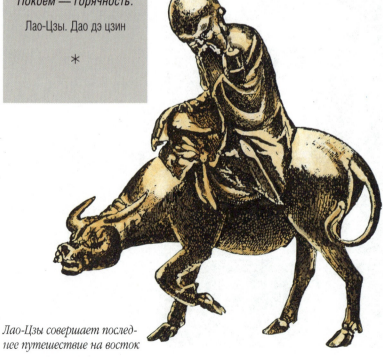

*Лао-Цзы совершает послед-
нее путешествие на восток*

Даосы придерживаются Семи добродетелей:

1. Почтение к родителям.
2. Верность императору.
3. Верность учителям.
4. Доброта ко всему живому.
5. Уважение к природе.
6. Изучение священных текстов.
7. Подношения богам.

## БЛАГОГОВЕНИЕ И ИЗУМЛЕНИЕ

Даосы поют, учатся и медитируют в храмах и монастырях. Они совершают ритуальные подношения богам — например, поджигают ароматические палочки.

## ПРОНИКНОВЕНИЕ В ТАЙНУ

Даосские монахи проходят ритуал инициации; даосы с почтением относятся к мудрым Учителям-наставникам, сведущим в медитации. Они следуют Дао, который не поддается пониманию и описанию, поскольку его нельзя удержать или контролировать. Он загадочен, как сама жизнь.

Еще один принцип называется «У Вэй». Это означает «недеяние», «пассивность», «невмешательство» или «движение по течению». Следует стараться во всем достигать гармонии и ценить простые жизненные удовольствия. Надо довольствоваться малым и изменять лишь то, что мы в состоянии изменить.

## ПРАЗДНЕСТВА

У даосов множество богов. В древней китайской религии существовал целый сонм божеств, особенно домашних и родовых. В честь некоторых из них построены храмы, и каждому посвящено много праздников и ритуалов. В этом богатом пантеоне выделяются три фигуры — скорее всего, ипостаси Лао-Цзы как Высшего Бессмертного: «Августейший Древний Правитель», «Августейший Правитель Дао» и «Нефритовый Император Верховный Господь».

Зимой отмечают праздник возрождения, посвященный смене времен года и равновесию природы.

## СЕГОДНЯ

До 1976 г., когда закончилась культурная революция, в коммунистическом Китае даосизм подвергался гонениям. Но после 1976 г. храмы и монастыри были снова открыты, статуи божеств восстановлены. В наше время эту своеобразную религию-философию считают полноправной частью древнекитайской культуры.

На Западе даосские трактаты крайне популярны у эзотериков, известных своими мистическими наклонностями и уважением к окружающей среде. Идея единства

и слаженности всего сущего для современного человека звучит весьма привлекательно. Упражнения *цигун* и дисциплины подобные *фэн-шуй* отчасти основаны на даосских принципах.

# Синто

### ПЕРВЫЕ ШАГИ

Никто не знает, откуда взялись синтоистские верования. Основателей у синто нет, есть лишь легенды в древнейшей системе народных верований. К примеру, в легендах говорится, что японский императорский род произошел от богини солнца Аматэрасу.

*Плавучие ворота*
*у синтоистского храма.*

## ЦЕЛЬ

Синто — это «путь *ками*», что часто переводят как «богов». Но *ками* — больше чем боги в традиционном понимании этого слова. Это могут быть бесплотные сущности или просветленные люди, достигшие бессмертия (к примеру, учитель Сугавара Мицидзанэ, который стал *ками* Тэндзином). Сплошь и рядом они представляют собой лишь символы чего-то безличного — к примеру, красоты природы. В живописных уголках Японии часто встречаются храмы и изображения *ками*. Возможно, «синто» лучше было бы перевести как «Путь Величественного».

Верующие просят у *ками* благословения и помощи. Многие студенты, например, обращаются к *ками* Тэндзину перед экзаменами.

Синто ничего не говорит о загробной жизни, поэтому в этой сфере властвует буддизм.

## УЧИТЕЛИ ПУТИ

Как таковых священных Писаний нет, но написанные в VIII в. «Нихонги» и «Кодзики» содержат множество легенд о сотворении островов и божественности императора как примера живого *ками* — *икигами*. Современные правители Японии отказались от подобных знаков уважения, хотя некогда они были обычным делом. Впрочем, некоторые новые религиозные течения, основанные на синто, все еще придерживаются такой точки зрения.

## СОКРОВИЩНИЦА СЕРДЦА

Считается, что почитание *ками* приносит удачу, и помимо многочисленных придорожных храмов существуют домашние, оберегающие жилище.

## ДОРОГИ К МИРУ

Верующие посещают храмы и чтят *ками*, опуская небольшие подношения в специальную шкатулку. Затем они дважды ударяют в ладоши, чтобы сообщить *ками* о своем прибытии. Они дважды кланяются в знак уважения, читают короткую молитву, снова дважды кланяются и уходят.

## БЛАГОГОВЕНИЕ И ИЗУМЛЕНИЕ

Засвидетельствовав свое почтение и произнеся молитву, верующий может оставить после себя знак. Такие знаки называются *эма* и представляют собой маленькие каменные таблички, которые развешиваются по всему храму. В основном люди просят здоровья, успехов в работе или образовании, но есть и примечательные исключения — например, выражают скорбь и соболезнование духу ребенка, когда случается выкидыш.

## ПРОНИКНОВЕНИЕ В ТАЙНУ

Входя в храм, верующие попадают в священное помещение. Прежде чем приблизиться к *ками*, необходимо пройти обряд очищения. Люди ополаскивают рты и моют руки.

## ПРАЗДНЕСТВА

Моление, как правило, — дело сугубо личное. Общие службы происходят во время храмовых праздников, которые обычно отмечаются раз в год во всех городах и деревнях. Местные жители собираются вместе и устраивают шествие от храма по городу. Молодые люди несут передвижной алтарь, чтобы разнести благословение *ками* по всему району.

Также празднуются Новый год, начало сева риса и сбор урожая.

## СЕГОДНЯ

Секуляризация — большая проблема для синто. Многие японцы говорят, что не верят в *ками*, но тем не менее храмы посещают очень многие.

◆ Когда они возникли?

*Конфуцианство.* В V—VI вв. до н. э. в Китае.

*Даосизм.* В VI в. до н. э.

*Синто.* Древняя религия Японии.

◆ Основатель

*Конфуцианство.* Конфуций, или Кун Фу-цзы (551—479 до н. э.).

*Даосизм.* Ли Эр Тань (Лао-Цзы).

*Синто.* Основателей нет.

◆ Бог

*Конфуцианство.* Агностическое отношение к богам. Взывает к «небу» как к всевышнему.

*Даосизм.* Много богов, но *Дао* — это мистическая сила, пребывающая во всем живом.

*Синто.* Боги *ками*: вознесшиеся святые и бесплотные сущности.

◆ Фигура искупителя. В этих религиях нет искупителя. Конфуцианство учит самосовершенствованию; даосизм призывает к гармонии с *Дао*; синто ищет благословения богов.

◆ Писания

*Конфуцианство.* «Лунь-юй» содержит изречения Конфуция.

*Даосизм.* «Дао дэ цзин», сочинение Лао-Цзы.

*Синто.* Писаний нет, но есть многочисленные предания и истории.

◆ Верования

*Конфуцианство.* Надо жить в гармонии с обществом, и природа станет гармоничной; поистине благородный муж — тот, кто соблюдает принципы *жэнь* и *ли.*

*Даосизм.* Надо жить в гармонии с природой (посредством *Дао*), чтобы в обществе воцарился мир.

*Синто.* Надо просить благословения у *ками.*

◆ Святыни. У даосов есть монастыри и святилища, а у синтоистов — многочисленные храмы.

◆ Священная пища. Благословение сева и сбора риса в синто играет важную роль.

◆ Основные празднества. В даосизме множество праздников в честь разных богов, а также праздник зимы. В синтоизме есть сезонные праздники Нового года, весны и осени.

◆ Ключевые символы. У конфуцианцев и даосов — символ *инь-ян*, олицетворяющий равновесие и гармонию.

---

Следует отметить, что многие оставляют после себя *эма.* На крышах компаний часто есть храмы для сотрудников, а многие просят *ками* о благословлении новой машиной, совмещая современные технологии с религией.

Синто чисто японское явление, и в других странах встречается лишь в японских общинах. Некоторые новые религиозные течения, основанные на синто, имеют последователей на Западе, вроде Махикари («Истинный Свет») с молельным залом в Лондоне (Англия).

Одна из наиболее значительных разновидностей синтоизма — *тэнрикйо* («религия небесной мудрости»). Она возникла в 1838 г., когда Накаяма Мики, жена земледельца, объявила себя одержимой духом истинного Творца мира, *Тэнри Оно Микото.* Считается, что он избрал Накаяму, чтобы привести людей в свое царство *ёкигураси* («радостной и блаженной жизни»). Сегодня у этого течения 3 миллиона последователей, из которых миллион — за пределами Японии.

# ДЖАЙНИЗМ

*Птицею был я схвачен ястребами и пойман в силки, бесконечное множество раз был я убит и разорван, растерзан и выпотрошен.*

Уттарадхьяйана-сутра

## ПЕРВЫЕ ШАГИ

Вардхамана Махавира жил в 599—527 гг. до н. э. и проповедовал на территории современных штатов Бихар и Уттар-Прадеш. Он был сыном феодального вождя и отрекся от роскошной жизни в возрасте 30 лет. Он вел жизнь строгого аскета, отказавшись даже от одежды, чтобы освободиться от груза отрицательной кармы. В возрасте 42 лет он заявил, что достиг просветления. Он продолжал учить еще 30 лет, а затем позволил себе умереть от *саллекханы*, добровольного ритуального голодания. Он был известен как «Джина», победивший «привязанность», и «кевалин», «совершенный душой».

## ЦЕЛЬ

Цель джайна — не Бог, а просветление и свобода от перерождений (*мокша*). В *мокше* душа пребывает в вечном блаженстве, свободная от *самсары* — бесконечного цикла перерождений. Джайнизм — не теистическая религия; в ней нет ни конкретного Бога, ни даже Высшей Сущности, руководящей всеми процессами. Джайны верят в цикличность человеческой истории, полагая, что вселенная следует вечным путем взлетов и падений.

## УЧИТЕЛИ ПУТИ

Махавира считал себя последним из 24 тиртханкаров (синоним «джины»), или «Создателей брода», которые были великими учителями джайнизма с конца третьей эпохи до конца четвертой. Пятая началась после смерти Махавиры. Тиртханкаром перед Махавирой был Паршва, живший за 250 лет до него.

Джайнские монахи и исследователи сохранили оригинальные Писания неизменными, хотя в средние века к ним были добавлены комментарии. В I в. н. э. произошел раскол между шветамбарами и дигамбарами. Основным предметом спора стало монашеское одеяние. Первые носят белые одежды, тогда как последние придерживаются первоначальных заветов своего основателя и ходят нагишом.

## СОКРОВИЩНИЦА СЕРДЦА

Джайны верят, что все материальные предметы обладают душой — не только люди, животные и насекомые. Пламя — это огненная сущность, которая рождается всего на мгновение. В воде и воздухе также есть живые души, как и в камне. Этим душам необходимо отрабатывать свою карму, пока они не достигнут освобождения и перерождения. Джайны придерживаются материалистического взгляда на мир; они считают, что души конечны и обладают конкретными размерами. Карма тоже рассматривается как физическая сила, а не просто как принцип. Это туча, которая наваливается на душу и не позволяет ей вознестись к свободе.

## ДОРОГИ К МИРУ

Джайнские монахи и монашки следуют более строгим правилам поведения, чем миряне, подметая перед собой землю, чтобы случайно не лишить жизни какое-нибудь насекомое. Они закрывают рты повязками, чтобы защитить души в воздухе, и процеживают воду, чтобы уберечь мелких существ. Монахам и монашкам запрещено мыться, поскольку это вредит воде и микробам на теле.

Им нельзя зажигать и гасить огонь, и по ночам монастыри окутаны непроглядной тьмой.

И миряне, и монахи с монашками обязаны соблюдать строгую диету, а мирянам запрещено заниматься некоторыми видами деятельности. Прополкой земледелец вредит земле и живущим в ней насекомым, а ремесла причиняют невыносимые муки душам металла, камня и земли. Миряне, как правило, занимаются коммерцией.

---

**Пять принципов джайнизма**

♦ Ненасилие (*Ахимса*)

♦ Правдивость (*Сатья*)

♦ Воздержание от воровства (*Астея*)

♦ Целомудрие (*Брахмачарья*)

♦ Воздержание от материальных привязанностей (*Апариграха*)

---

## БЛАГОГОВЕНИЕ И ИЗУМЛЕНИЕ

Для джайна поклонение заключается в медитативных упражнениях, чтении или произнесении нараспев сутр Махавиры и почитании тиртханкаров в храмах. Правда, тиртханкары не могут благословлять и отвечать на молитвы, поскольку они полностью оторваны от земли и смертных. В некоторых джайнских храмах встречаются индуистские божества, но они считаются менее значимыми сущностями, чем великие тиртханкары. Они не вечны, но более просветлены, и потому могут жаловать временные благословления.

## ПРОНИКНОВЕНИЕ В ТАЙНУ

В джайнизме есть крайне любопытная история о прохождении шести эпох. Первая была возвышенной, блаженной и мирной,

в учителях и наставлениях не было нужды. По всему миру росли «деревья желания» (*кальпаврикша*), удовлетворявшие все людские потребности, которые засыхали по мере того, как мир приходил в упадок. Тогда за наставлениями стали обращаться к старейшинам, а позднее возникла потребность в тиртханкарах.

Бесконечное повторение этих эпох кажется предопределенным, но отдельные души могут по собственной воле стремиться к освобождению из цикла через просветление.

## ПРАЗДНЕСТВА

Джайны совершают паломничество в деревню Пава, где умер Махавира. Их праздники построены на лунном цикле, и перед новолунием монахи и монашки всегда соблюдают строгий пост *посадху*. Мирянам позволено принимать участие в торжествах, но большинство из них делают это только раз в году, в августе. Есть день покаяния и признания грехов под названием *Парйусхана*, после чего наступает день торжеств.

## СЕГОДНЯ

В мире насчитывается около четырех миллионов джайнов, из которых подавляющее большинство живут в Индии. Несмотря на относительную немногочисленность, джайны имеют огромное влияние благодаря трудолюбию и богатству, созданному коммерцией. Они часто жертвуют средства для больниц и школ, участвуют в благотворительности. Многие джайны — видные представители индийских деловых кругов.

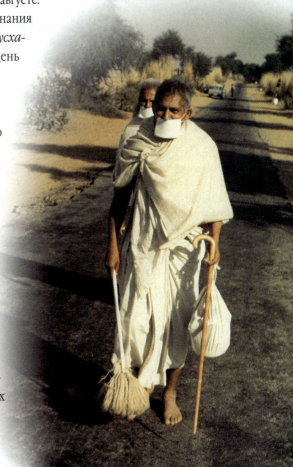

*Джайнский праведник подметает перед собой землю, чтобы не наступить на живое существо*

# Глоссарий

**Аватара** — проявления индуистских богов на земле.

**Ад** — место, куда попадают грешники после смерти.

**Адонай** — «Господь» на иврите.

**Аллах** — «Бог» на арабском.

**Амида** — утренняя и вечерняя молитва иудеев.

**Амрит** — смесь воды и сахара, используемая при инициации праведных сикхов.

**Амритсар** — главный город сикхизма.

**Анатман** — буддийское понятие «бездушности» или мимолетности.

**Апостол** — «посланный».

**Атман** — в индуизме — «я» или дух в каждом человеке.

**Аум** или **Ом** — священный слог в индуизме.

**Ахимса** — концепция ненасилия.

**Ариман** — сила зла в зороастризме.

**Ахура-Мазда** — «Мудрый Господь» или Бог в зороастризме.

**Байсакхи** (Вайсакхи) — сикхский праздник Нового года.

**Бар-Мицва** — церемония в честь совершеннолетия мальчиков в иудаизме.

**Библия** — христианские Писания.

**Бима** — возвышение в синагоге, с которого читают Тору.

**Бисмилля** — «Во имя Аллаха», мусульманская молитва.

**Благодать** — незаслуженное покровительство Бога в христианстве.

**Бодхисатвы** — просветленные буддисты и буддистки.

**Брахман** — индуистское название трансцендентного божества.

**Будда** — «Просветленный».

**Бхагавад-гита** — индуистские Писания, буквально: «Песнь Господа».

**Бхакти** — индуистский путь единения с Богом.

**Веды** — Писания, в которых изложена религия индийских ариев.

**Великий пост** — в христианстве — период покаяния перед Пасхой.

**Весак** — праздник дня рождения Будды.

**Випассана** — вид буддийской медитации.

**Вихара** — буддийский храм.

**Вишну** — в индуизме: божество, дающее и берегущее жизнь, творец космоса.

**Воплощение** — вера христиан в то, что Бог стал человеком в Иисусе.

**Вуду** — ритуальное омовение перед молитвой у мусульман.

**Ганеша** — индуистский слоновоголовый бог добрых начал.

**Гаты** — зороастрийские Писания.

**Грантхи** — сикх, читающий Грантх во время богослужения.

**Гурбани** — учение Гуру Нанака.

**Гурдвара** — сикхский храм.

**Гурпурбы** — сикхские праздники.

**Гуру** — индийский учитель.

**Гуру Грантх Сахиб** — священная книга сикхов.

**Далиты** — одна из низших каст индийского общества, «неприкасаемые».

**Дао** — мистический Путь или Жизненная Сила в китайской философии.

**Дарсхана** — посещение божества в храме у индуистов.

**Дивали** — индуистский праздник света.

**Дуа** — спонтанные молитвы у мусульман.

**Дукха** — буддийское название страданий.

**Дхаммапада** — древний буддийский текст, по преданию содержит изречения Будды.

**Дхарма** — «Путь», «Закон» или «Долг» в индуизме и буддизме.

**Евангелие** — «благая весть»; одна из четырех библейских книг, в которых описана жизнь Иисуса.

**Евхаристия** — Святое Причастие в христианстве.

**Жэнь** — добродетельность и гармония в конфуцианстве.

**Закят** — милостыня, один из пяти столпов ислама.

**Ид аль-Адха** — мусульманский праздник в честь окончания хаджа.

**Ид аль-Фитр** — мусульманский праздник в честь окончания поста в Рамадан.

**Иерусалим** — город, священный для иудеев, христиан и мусульман.

**Иисус** — основатель христианства. Христиане считают его одновременно Богом и человеком.

**Икона** — священное изображение Христа или святых в православии.

**Имам** — духовный глава в исламе.

**Искупление** — замаливание грехов и примирение с Богом.

**Йога** — индуистские дисциплины для достижения внутреннего покоя и просветления.

**Йом Киппур** (День искупления) — иудейский день покаяния.

**Кааба** — здание кубической формы в Мекке.

**Каббала** — мистическая традиция в иудаизме.

**Калифы** — предводители мусульманской общины в прошлом.

**Ками** — боги или просветленные люди в синтоизме.

**Карма** — индийское название судьбы или доли.

**Киддуш** — иудейская молитва на Шаббат.

**Китаб-и-Акдас** — священная книга бахаи.

**Коан** — короткое ироничное изречение в дзен-буддизме.

**Ковчег** — ящик для свитков Торы в иудаизме.

**Конфирмация** — обряд западной христианской церкви, при котором епископ возлагает руки на человека, чтобы подтвердить его веру.

**Коран** — священная книга мусульман.

**Крещение** — церемония инициации в христианстве.

**Кришна** — восьмая инкарнация Вишну в индуизме.

**Лангар** — столовая в сикхском храме.

**Ли** — общественные нормы в кофуцианстве.

**Логос** — «Слово» на греческом, ипостась Бога в иудейской Библии и звание Иисуса в Новом Завете.

**Мандир** — индуистский храм.
**Мантра** — буддийский напев.
**Махаяна** — направление в буддизме.
**Мекка** — священный город ислама в Саудовской Аравии.
**Мелта** — буддийские четки.
**Менора** — семисвечник в иудаизме.
**Месса** — католическое название евхаристии.
**Мессия** — на иврите: человек, избранный Богом на царство.
**Мечеть** — молельное место в исламе.
**Мокша** — освобождение души от цикла перерождений в индуизме.
**Монотеизм** — вера в одного Бога.
**Мухаммед** — пророк и апостол ислама.

**Наби** — пророк в исламе.
**Нам** — имя Бога в сикхизме.
**Намасте** — индуистское приветствие.
**Нанак, Гуру** — основатель сикхизма.
**Нирвана** (*ниббана*) — место свободы от страданий в буддизме.

**Олам га-Ба** — иудейская вера в «грядущий мир».

**Палийский канон** — буддийские Писания.
**Парсы** — зороастрийцы, осевшие в Индии.
**Пасха** — праздник, посвященный смерти и воскресению Иисуса.
**Песах** — иудейский праздник Пасхи.
**Помазание** — в православном христианстве — помазание маслом при крещении.

**Пуджа** — индуистская служба.
**Пурим** — иудейский праздник в память о Есфири.
**Пятидесятница** — иудейский праздник урожая и христианский праздник в честь нисхождения Святого Духа на апостолов.
**Пять принципов** — пять этических ограничений у буддистов.
**Пять столпов ислама** — пять обязательств, предписанных каждому мусульманину.

**Рай** — царство Бога или богов.
**Рамадан** — лунный месяц, во время которого мусульмане постятся.
**Ридван** — 19-дневный бахаистский праздник.
**Рождество** — праздник в честь рождения Христа.
**Рош Хашана** — иудейский Новый год.

**Садху** — странствующий индуистский праведник.
**Салят** — исламские молитвы, которые произносятся пять раз в день.
**Саматха** — вид буддийской медитации.
**Самсара** — цикл перерождений в индуизме.
**Санатана Дхарма** — самоназвание индуизма.
**Сангха** — община буддийских монахов.
**Саньяси** — индуистский праведник.
**Саошьянт** — фигура Спасителя, грядущего перед концом света в зороастризме.
**Саум** — пост на Рамадан в исламе.
**Святой Дух** — третье лицо христианской Троицы.
**Сева** — понятие служения у сикхов.
**Седрех пуши** — зороастрийская служба инициации.

**Символ веры** — изложение вероучения.
**Синагога** — место встречи иудеев для богослужений и изучения Торы.
**Собор** — вся христианская община. Также здание для христианских богослужений.
**Страстная пятница** — священный день, когда христиане поминают распятие Иисуса Христа.
**Ступа** — буддийский храм.
**Суккот** — иудейский праздник урожая.
**Суннизм** — течение в исламе.
**Сура** — глава Корана.
**Сутра** — буддийский текст.
**Сяо** — социальная сплоченность семьи в конфуцианстве.

**Таллит** — иудейская молитвенная накидка.
**Талмуд** — комментарии иудейских раввинов.
**ТаНаХа** — иудейские Писания.
**Тефиллин** (или филактерии) — шкатулки, которые иудеи носят на руке и на лбу.
**Тора** — первые пять книг иудейской Библии.
**Трипитака** — свод буддийских Писаний.
**Троица** — христианская вера в то, что Бог есть Отец, Сын и Святой Дух.
**Тхеравада** — течение в буддизме.

**Упанишады** — последние книги в индийских Ведах.

**Фетва** — официальное заявление в исламе.

**Хадж** — паломничество в Мекку в исламе.
**Хадис** — учения Мухаммеда и пророков.
**Хальса** — инициированные сикхи.

**Ханифы** — искатели единого Бога в доисламские времена.
**Ханука** — восьмидневный иудейский праздник.
**Хаома** — растение, из которого делается священный напиток в зороастризме.
**Холи** — весенний праздник в индуизме.
**Христос** — «помазанник» на греческом.
**Хукан** — сикхский ритуал; Грантх открывают наугад и касаются пальцем стиха, чтобы получить наставление.

**Ци** — жизненная энергия в китайской философии.

**Четыре благородные истины** — краткое изложение учений Будды.

**Шаббат** — день поклонения и отдыха в иудаизме, длящийся от заката пятницы до заката субботы.
**Шавуот** — иудейский праздник, посвященный получению Десяти заповедей.
**Шариат** — свод традиционных исламских законов.
**Шастры** — общее название индуистских Писаний.
**Шахада** — изложение вероучения в исламе.
**Шема** — иудейская молитва.
**Шива** — один из великих богов индуизма.
**Шиизм** — течение в исламе, не признающее калифов после Али.

**Экуменизм** — движение за объединение всех христианских деноминаций.
**Элоах или Элохим** — иудейское имя Бога.

# Фотографии